UNE NOUVELLE NOTICE

SUR

COURTALAIN

PAR

M. L'ABBÉ CHAPRON

CURÉ DE COURTALAIN

(*Extrait du Bulletin de la Société Dunoise*)

CHATEAUDUN

IMPRIMERIE DE LA SOCIÉTÉ TYPOGRAPHIQUE

1901

COURTALAIN

UNE NOUVELLE NOTICE

SUR

COURTALAIN

PAR

M. L'ABBÉ CHAPRON

CURÉ DE COURTALAIN

(*Extrait du Bulletin de la Société Dunoise*)

CHATEAUDUN

IMPRIMERIE DE LA SOCIÉTÉ TYPOGRAPHIQUE

1901

COURTALAIN

NOTIONS PRÉLIMINAIRES

Nous ne pouvons mieux commencer notre notice sur Courtalain que par la citation des beaux vers que lui a consacrés, en 1827, un honorable magistrat dunois, M. Rossart de Mianville, dans sa traduction de Raoul Boutraye, dunois lui-même, qui vivait en 1527.

Après avoir parlé de diverses localités des environs, il ajoute :

Et Courtalain jadis entouré de forêts ! ! !
Hélas ! ils ne sont plus ces ormes, ces yeuses,
Qui, portant jusqu'au ciel leurs cimes orgueilleuses,
Dérobaient au soleil, cachaient à ses rayons
Cette terre aujourd'hui couverte de sillons.
En fertiles guérets cette terre est changée,
D'épis au lieu de glands on la voit surchargée.
Mais ces riches produits n'équivaudront jamais
Aux profits qu'on tirait de ces belles forêts,
Qui de nos toits brisés réparaient les dommages,
Qui nourrissaient les feux de nos petits ménages.
O chênes vénérés, ornement du pays !
Nous pleurerons longtemps sur vos tristes débris !
Ne pouvant plus, hélas ! se chauffer, ni construire,
Nos neveux désolés un jour devront maudire
De la destruction les coupables auteurs ;
Et le temps ne pourra qu'aggraver leurs malheurs.

Plusieurs savants archéologues, au nombre desquels nous sommes heureux de citer M. Édouard Lefèvre, ancien chef de division à la préfecture d'Eure-et-Loir, se sont occupés de Courtalain, et lui ont consacré des articles pleins d'intérêt ; mais ce que le poète a dit de la fable, on peut également le dire de la chronique :

> Ce champ ne se peut tellement moissonner
> Que les derniers venus n'y trouvent à glaner.

Dans le dessein d'ajouter quelques épis à la gerbe d'or qu'ils ont bien voulu nous offrir, nous avons donc résolu d'écrire nous-même quelques lignes sur notre cher Courtalain, et, pour le faire avec un peu d'ordre, nous traiterons successivement les points suivants : Origine et importance de Courtalain, Vie civile, Religion, Instruction publique, Administration judiciaire, Gouvernement militaire, Commerce et Industrie, auxquels nous ajouterons quelques notions sur certains seigneurs du voisinage.

§ I

ORIGINE ET IMPORTANCE DE COURTALAIN

S'il en faut croire de savants auteurs, Courtalain et la contrée environnante auraient été habités dès la plus haute antiquité, dès les temps nommés préhistoriques. En effet, de nos jours encore, on y trouve facilement et en assez grand nombre des objets démontrant de longs siècles d'existence : tels que hachettes et pétrifications de toute sorte. On trouve également tout près du bourg, dans l'enceinte murée du château, un énorme monolithe, qui, au dire des connaisseurs, doit avoir servi de polissoir à l'âge de la pierre. Ce monolithe est connu dans la contrée sous le nom peu poétique de « griffe du diable ».

Mais voici quelque chose de plus démonstratif selon nous, et qui, sans afficher les prétentions dont nous venons de parler, accuse pourtant une très haute antiquité.

A une petite distance de Courtalain, sur les bords de la rivière d'Yerre, on a découvert tout récemment, dans la vase du canal destiné à recevoir l'excédent des eaux, des tuiles romaines, des vases étrusques, et jusqu'à des fragments de mosaïque. On doit donc avouer qu'alors au moins le pays de Courtalain était habité par une colonie romaine ; et dès lors on admet volontiers l'étymologie que, dans une note sur son poème intitulé *Nympha Vivaria,* le dunois Augustin Costé, qui vivait en 1604, a donnée du mot Courtalain. En effet, à son avis, Courtalain aurait pour origine les mots latins : *curto pede ;* et cela parce que, à l'origine, on y aurait construit un temple dédié à Vulcain, le dieu boîteux.

Quoi qu'il en soit, de ces données plus ou moins problématiques, une chose paraît certaine, c'est que Courtalain, en tant que fief et résidence seigneuriale, remonte aux premiers jours de la féodalité, et alors, d'après l'opinion commune, son nom primitif aurait été *Curia Alani* ou *Alemii,* cour, domaine, enclos relevant d'un grand personnage appelé Alain ; puis, après diverses modifications peu importantes, il aurait revêtu sa forme actuelle; et serait devenu le nom moderne de Courtalain. Du reste, quel était cet Alain ? d'où venait-il ? à quelle époque précise a-t-il vécu ? Nul n'a encore pu le dire, nul ne le sait. Certains biographes ont voulu le rattacher à la famille des ducs de Bretagne, ainsi nommés, et dont le premier vivait en 594. Nous avouons n'avoir rien trouvé nous-même qui confirmât cette opinion. La première trace, en effet, que nous ayons trouvée de Courtalain remonte seulement au XIe siècle, à l'année 1030.

A cette époque, les sires de Courtalain n'étaient pas complètement indépendants ; ils étaient soumis à un certain vasselage, vis-à-vis de Montigny-le-Gannelon. Divers actes d'amortissement octroyés par Eudes II, seigneur du dit lieu, en font foi. Ce vasselage devait avoir pris fin un demi-siècle plus tard : en 1095, le seigneur d'alors, nommé Guillaume, devait jouir d'une complète indépendance ; c'est, du moins, ce qui paraît résulter de la teneur de divers actes où il paraît comme témoin, et en particulier d'un acte d'accord entre les moines de Marmoutier et Odo Desredatus, seigneur de Nottonville et Varize, relativement à un moulin situé sur la Conie.

C'est donc à tort, selon nous, que certains savants ont voulu faire de Courtalain un simple fief relevant de Bois-Ruffin, dont il aurait été détaché par Guillaume d'Illiers, soit en 1128, au moment où celui-ci se préparait à partir pour la croisade, soit vers 1175, par contrat en faveur de Berthe, sa fille, en vue de son mariage avec Eudes Borel III. L'abbé Bordas ne nous paraît guère plus fondé, quand il rattache au XIIIe siècle la séparation de Courtalain avec Montigny ; en effet, sans revenir sur le fait relatif au seigneur Guillaume, précédemment cité, Courtalain, au dire de l'honorable auteur lui-même, aurait eu des seigneurs au XIIe siècle, et il cite en cette qualité Robert et Drogon, ou Dreux, seigneurs en même temps de Marolles-au-Perche, et Morel, dont la veuve, nommée Cécile, aurait donné, en 1150, à l'abbaye de Saint-Avit un tiers de deux moulins, situés près de cette abbaye.

Si donc le démembrement dont il parle a vraiment eu lieu, il aura agrandi Courtalain, mais ne l'aura pas créé.

Quant à la seigneurie de Marolles, elle a eu vraiment de singulières destinées, car après avoir appartenu, comme nous venons de le voir, aux premiers seigneurs de Courtalain, elle revint à diverses reprises en la possession de leurs successeurs. En 1504, elle fait partie du domaine des d'Avaugour en la personne de Pierre et de Benjamin d'Avaugour, et, en 1776, elle appartient à Anne-Léon I de Montmorency, qui, cette même année, cède le droit de justice qu'il y exerce à Gabriel-Olivier-Benoît Dumas.

Ici, grâce à l'obligeance de M. l'abbé Peschot, curé de Langey, nous pouvons ajouter quelques noms à ceux des titulaires, cités ailleurs, de la maison de Courtalain.

En 1492, c'est Jean de Courtalain, héritier, du chef de sa femme, de Jean de la Forest, seigneur d'Anteloup (Logron).

En 1519, c'est Charles et François de Courtalain qui possèdent la même seigneurie.

Enfin, en 1571, c'est Marie de Courtalain qui, devenue veuve de Jacques de Blavette, possède en 1616 Rougenou, en la même paroisse de Logron.

Quoi qu'il en soit, il est à croire que Courtalain, antique seigneurie féodale, aura joui, dans le cours des âges, des avantages, comme aussi éprouvé les inconvénients de la féodalité. Aussi, est-ce avec regret que nous avouons notre impuissance à donner le moindre détail relativement à ses relations soit avec ses vassaux, soit avec les seigneurs voisins.

Nous savons seulement qu'à l'époque douloureuse de la guerre de Cent ans, tous, sans exception, Borel, Rouvray, Illiers,

Taillecoul, Avaugour, se sont montrés constamment fidèles à la cause royale, à la cause de la France.

Aussi, en 1427, Courtalain, alors encore entouré de murailles et de fossés, est-il compris, en même temps que Montigny, au nombre des forteresses que signale le traité conclu entre le brave Dunois et les Anglais.

Il est donc à croire que les fortifications de Courtalain étaient, à cette époque, capables d'une résistance sérieuse. Il n'en était plus de même au siècle suivant ; en effet, en 1562, les protestants, et en 1566 le duc de Joyeuse se rendant en Guyenne, s'en emparent sans coup férir et le livrent au pillage.

Toutefois, en 1589, le roi Henri IV crut pouvoir y séjourner quelque temps. De nombreux ligueurs parcouraient alors l'Orléanais, le Dunois, le Perche et la Beauce, une surprise était donc à craindre et une forteresse s'imposait.

Ce séjour du Béarnais à Courtalain nous est certifié, du reste, par une lettre du fidèle Sully au comte de Soissons, qui alors tenait garnison à Nogent-le-Rotrou, pour lui demander des secours.

Ce document est très précieux pour Courtalain, aussi le citerons-nous en entier.

De Courtalain, le 21 mars 1859.

Mr cher amye,

Je ne pensay jamais mieux voir donner une bataille que ce jourd'huit ; mais tout s'est passé en légers escarmouches, et à essayer de loger chascun à son advantage. Je vous advertis que plusieurs compaignies tant de chevau-légers que gens de pied soubs le commandement de Réclainville et de Patry se dirigent de Bonneval sur le Mans. Je vous conjure de vous armer et venir à leur rencontre, en amenant tout ce que vous pouvez avoir de bonnes compaignies déterminées, surtout les deux compaignies d'harquebusiers à cheval de Fontenay.

Je les congnoient pour de braves.

Envoiez esclaireurs seurs et rusés.

De ce que Dieu vous ay en sa saincte garde.

Rosny.

Du reste, alors même que la ville n'eût pu offrir qu'une défense insuffisante, le château, bien que reconstruit sur de nouvelles bases en 1483 par Guillaume d'Avaugour et Perette de Baïf, son épouse, n'en avait pas moins conservé ses fossés, son pont-levis, ses tours d'angle et même son vieux donjon, qui subsista jusqu'en 1600.

On pense que ce fut à la même époque que disparurent les derniers vestiges des fortifications de Courtalain, pour faire place aux quais, boulevards et faubourgs dont parlent les archives départementales.

Quoi qu'il en soit, une chose paraît évidente, c'est que Courtalain n'aura guère été, à l'origine, qu'une tour, une caserne, un tribunal ; une tour pour y abriter ses seigneurs, une caserne pour y loger leurs hommes d'armes, un tribunal pour y rendre la justice à leurs vassaux.

En effet, d'après un recensement du XIIIe siècle, inséré dans un vieux pouillé du diocèse de Chartres, la paroisse de Courtalain ne comptait alors que dix chefs de famille. Saint-Pellerin en comptait, paraît-il, dix fois et Arrou trente fois plus.

Dans la suite, il y eut progrès, sans doute, mais les limites en furent toujours fort restreintes.

En 1710, par exemple, on ne comptait encore à Courtalain que 250 habitants, partagés en 84 feux ; en 1724, il y avait 300 habitants et 90 feux.

Au moment de la Révolution, 67 citoyens figurent sur les listes électorales. Le recensement de 1830 compte 500 habitants. En 1848, l'annexion de quelques maisons dépendantes de Saint-Pellerin en porta le chiffre à 630.

De nos jours, grâce aux employés du Chemin de fer de Paris à Bordeaux, qui y ont choisi leur résidence, la population de notre ville paraît s'élever à plus de 700 habitants.

Il faut l'avouer, du reste, restreint dans sa population, Courtalain l'est davantage encore dans sa superficie. Jusqu'en 1846 où Saint-Pellerin consentit à lui céder une petite portion de son territoire, une centaine d'hectares environ, la contenance cadastrale n'était que de 25 hectares 20 ares 25 centiares, ainsi répartis : Terres labourables, 3 hectares 29 ares 40 centiares. Jardins, 6 hectares 79 ares 40 centiares. Pièces d'eau, 20 ares 90 centiares. Bois, bosquets et prairies, 11 hectares 38 ares 90 centiares. Propriétés bâties, 3 hectares 51 ares 65 centiares.

En 1724, on y cultivait 2 hectares de vigne, qui donnaient environ huit muids, mesure de Paris. Il est évident qu'un pareil produit ne pouvait suffire à la consommation locale. En effet, d'après la même statistique de 1724, cette consommation était de 92 muids de vin et de 8 muids d'eau-de-vie.

La grande notoriété de Courtalain ne lui est donc point venue du chiffre de sa population ou de l'étendue de son territoire, mais uniquement de l'importance de sa seigneurie, la seconde aux assises du Dunois (Montigny était la première), et de sa situation commerciale.

De nos jours, il la doit au transit du chemin de fer, à l'étendue de ses places, à ses importantes et coquettes habitations, au joli paysage qui l'encadre et surtout à son magnifique château, dont la superbe architecture et les immenses dépendances attirent chaque année un nombre considérable de visiteurs.

Et avec raison, du reste, car tout ici est gracieux, souriant, tout flatte l'œil agréablement : des pelouses toujours vertes ; çà et là, des corbeilles de fleurs ; de vastes serres entretenues avec luxe ; une orangerie immense ; un parc très bien percé, d'une contenance de 200 hectares, où la culture des céréales fait diversion de distance en distance à de hautes futaies, le tout entouré de murs construits en 1745 par le duc Anne-Léon de Montmorency ; une tuilerie ; plusieurs fermes, et, en face de la porte principale du château, un bassin demi-circulaire, dans lequel un Triton infatigable vomit sans cesse une eau bienfaisante et pure que lui offre une machine puissante installée sur le bord de la rivière d'Yerre. De ce bassin partent de nombreux canaux destinés aux services divers de la propriété ; l'un d'eux est réservé aux habitants de la localité ; un autre s'élève jusqu'aux combles du château, pour parer aux premières nécessités en cas d'incendie.

Ajoutons toutefois que la plupart des visiteurs, loin de se borner à parcourir les jardins et les serres, aiment à pénétrer dans l'intérieur et à étudier en détail l'habitation elle-même. Ici, sans doute, tout est grave et digne ; mais aussi, comme tout y parle des grandeurs de la Patrie !

A l'entrée, dans l'antichambre, ce qui frappe d'abord, c'est une tapisserie grandiose où sont figurées les armoiries des derniers représentants de la famille Montmorency, les leurs d'abord avec les seize alérions d'azur sur champ d'or; la croix de gueules et la devise si connue Ἀπλανῶς ; *Dieu ayde au premier baron chrétien.* C'est, ensuite, celles des princes de Bauffremont, vairées d'or et de gueules, et la devise : *Plus de deuil que de joie ;* et puis celles des ducs et marquis de Gontaut-Biron, écartelées d'or et de gueules, avec la devise : *Perit sed in armis.* C'est enfin celles des ducs de Rohan-Chabot, parties au premier sur champ d'or de trois macles posés deux, un ; et au second, sur champ d'argent, une barrre de trois poissons de gueules posés deux, un, avec la devise : *Concussus surgo.*

De l'antichambre, le visiteur passe dans la salle de billard, très riche en beaux tableaux. On y remarque des Granet, des Joseph Vernet et autres ; deux vues du château de la Brosse (S.-et-M.), ancienne propriété des Montmorency ; quelques portraits : ici, le duc de Bourgogne encore enfant ; là, le grand Condé ; plus loin, un maréchal de Montmorency ; des estampes de valeur : l'une d'elles représente le duc de Biron à cheval ; une autre, le comte Armand de Gontaut, fils aîné de M. le marquis de Gontaut, décédé le 29 août 1897 et si regretté. M. Armand de Gontaut fut un des administrateurs du Canal de Suez et président du Conseil général du Gers ; il mourut en 1884, à l'âge de 44 ans. Sur le billard, on admire une fort belle tapisserie du XVIIe siècle, aux armes de la famille de Montmorency et, tout près, adossé à la muraille, un splendide buffet en bois d'ébène, orné de marqueteries ; ce meuble, enlevé du château au moment de la Révolution, a été racheté par le duc Anne-Charles et remis en honneur.

A la visite de la salle de billard succède généralement celle du salon, vaste pièce consacrée uniquement aux souvenirs de famille ; c'est d'abord, à droite, revêtu d'une armure de vieux chevalier, le baron Anne-Léon ; au-dessus, la princesse de Tingry et, à la suite, le portrait en pied du célèbre Henri de Montmorency, décapité à Toulouse, puis celui du dernier duc et de la dernière duchesse ; et, auprès de la cheminée, un buste en bronze du maréchal de Biron, tué près d'Henri IV, au siège d'Épernay. Au-dessus, c'est, d'un côté, une charmante estampe, avec costume de l'époque, de la fameuse Charlotte de Montmorency, épouse de Henri de Bourbon et mère du grand Condé ; de l'autre côté, c'est la duchesse de Longueville, fille de la précédente, l'une des héroïnes de la Fronde, aussi célèbre par sa retraite du monde que par l'empire qu'elle avait exercé sur tous ceux qui l'approchaient.

A gauche, entre les deux croisées, ce qui vous attire avant tout c'est une châsse splendide, posée sur une belle console, renfermant l'épée du connétable Anne ; et, au-dessus, un tableau d'assez petites dimensions rappelant le mariage de Mathieu de Montmorency avec Adelaïde de Savoie, veuve de Louis-le-Gros et mère de Louis-le-Jeune ; puis, un peu plus loin, c'est le féal sujet de Louis XI, Guillaume de Montmorency, les mains jointes, et dans l'attitude d'un ascète, et au bout du salon, faisant face à la cheminée, le portrait en pied du maréchal de Luxembourg.

Une sorte de galerie vous conduit du salon à la bibliothèque ; on y trouve également plusieurs tableaux de famille assez remarquables : c'est d'abord la duchesse Charlotte de Montmorency-Luxembourg, épouse du duc Anne-Léon, entourée de ses cinq enfants ; c'est ensuite le baron de Breteuil, un instant ministre de Louis XVI, grand-père de l'avant-dernière duchesse et de son frère l'abbé ; c'est le duc Anne-Charles, et la duchesse Caroline de Goyon-Matignon, son épouse ; c'est le duc Anne-Adrien-Pierre de Montmorency-Laval, seigneur de Montigny ; c'est le comte Anne-Joseph Thibaut de Montmorency, premier mari de la dernière duchesse ; c'est le duc de Rohan, pair de France ; c'est, en costume de religieuse, la princesse de Tingry, épouse de Charles-François-Christian de Montmorency ; c'est, enfin, un superbe buste en marbre blanc de Son Altesse Royale, Madame Adelaïde, fille de Louis XV, morte à Trieste en 1800.

Nous nous abstiendrons de parler de la bibliothèque, les curiosités diverses qu'elle renfermait ayant disparu depuis quelques années déjà, et nous passons de suite à la salle à manger, qui est la dernière pièce que le touriste ait le droit de visiter.

Ce qui vous y frappe tout d'abord, c'est la figure grave et austère du connétable Anne ; ce sont ensuite de gracieuses physionomies de tout jeunes enfants ; c'est le plan en relief du château de Seignelay (Yonne), jadis propriété des Montmorency de Courtalain, aujourd'hui détruit. C'est la duchesse Charlotte, en costume de chasse, c'est le maréchal de Matignon, c'est Odet de Thorigny, de cette même famille de Matignon. C'est Marie de Montmorency, duchesse de Villeroi ; c'est Louise de Colbert-

Seignelay, épouse du duc de Montmorency-Luxembourg ; c'est le prince de Montmorency-Rosbeuf ; c'est, enfin, en costume de l'époque, Marguerite de Savoie, épouse du connétable Anne, et Charlotte de Montmorency, dame de Tressan.

Ces indications, qui sont celles d'aujourd'hui, ne seront peut-être pas celles de demain ; plus d'une fois, en effet, nous avons pu nous-même constater divers changements, et diverses disparitions.

Quoi qu'il en soit, il semble que, depuis le retour de l'exil de la famille de Montmorency, et son installation à Courtalain, l'intérieur du château n'a pas subi de notables changements. Mais il n'en pas été de même pour l'extérieur. Magnifique spécimen de l'architecture du XVe siècle, il était resté inachevé jusqu'en 1854 ; à cette époque, M. le duc Raoul en confia la restauration à un sculpteur bien connu, M. Gaullier ; c'est donc à l'habile ciseau de cet artiste dunois qu'il faut attribuer l'ornementation des cheminées, les frontons des fenêtres, divers écussons, et le balcon qui aboutit à la grosse tour. Quant à l'effigie de saint Thibault, qui orne la façade de cette tour, elle est évidemment plus ancienne et paraît contemporaine de la reconstruction même de l'habitation seigneuriale.

Quelques détails encore : avant la Révolution, Courtalain faisait partie de l'élection et du grenier à sel de Châteaudun.

Un bureau de poste y a été établi en 1834, et une course de chevaux en 1847. Quelque temps interrompue à la suite de la funeste année 1870, celle-ci a repris en 1889 et n'a point cessé depuis lors.

Courtalain possède aussi, en ce moment, une compagnie de sapeurs pompiers, signalée dans plusieurs concours, et une fanfare plusieurs fois médaillée.

Un orphéon entièrement composé d'amateurs et d'employés de chemin de fer y est également en formation. Qu'il nous soit permis de lui souhaiter un long et brillant avenir !

§ II

VIE CIVILE

Nous ne pouvons préciser l'époque où les seigneurs de Courtalain ont émancipé leurs serfs ni quels droits ils ont d'âge en âge concédés à leurs vassaux. Nous faisons des vœux pour que ceux qui voudront bien un jour étudier cette partie de notre histoire locale soient plus heureux et voient leurs recherches couronnées de succès. Quant à nous, la période entière du moyen-âge nous a voilé ses secrets, et nous avons dû descendre jusqu'au seuil des temps modernes, jusqu'aux dernières années du seizième siècle, pour trouver quelque trace de vie civile dans la petite cité de Courtalain ; et ce qui n'est pas moins regrettable, c'est que les faits qui nous sont signalés sont peu nombreux et en outre sans grand intérêt.

En 1572, c'est la visite des étaux de charcutiers établis sous la halle.

En 1577, c'est la visite des moulins à blé et à tan que possède la localité.

Et puis, il nous faut descendre jusqu'à l'année 1671 pour retrouver un nouveau signe de vie civile à Courtalain, et encore est-il de peu d'importance : c'est l'inventaire des poids et des mesures renfermés dans l'enceinte des halles et servant à peser et à mesurer les denrées et les étoffes aux jours de foires et de marchés.

En 1675, la chose paraît plus grave ; il y a convocation de tous les habitants de la cité, pour pourvoir au logement et aux dépenses des troupes qui devront y passer leurs quartiers d'hiver. On décide que l'allocation sera de 30 sols par homme et 10 sols par cheval.

En 1682, des fraudes importantes commises dans les transactions commerciales avaient attiré de nouveau l'attention des inspecteurs des halles ; aussi, dans une réunion des habitants à ce sujet, après une nouvelle inspection et vérification des poids et mesures, on édicta contre les délinquants les peines les plus sévères.

En 1704, il s'agit des réparations à faire à la maison curiale.

En 1702, la réunion a pour but de délibérer sur la location d'une maison appartenant à la Fabrique.

En 1705, c'est la maison d'école qui fixe l'atténtion des habitants; il y a donc lieu de croire que cette maison était propriété communale et qu'à la Révolution elle aura été vendue comme bien national. La note que nous avons sous les yeux nous fait observer qu'elle joignait le presbytère.

En 1710, l'assemblée a un double motif : d'abord, de pourvoir au remplacement du mobilier du vicaire de la paroisse, devenu hors d'usage, de l'aveu de tous ; ensuite, de statuer sur l'acceptation d'un legs fait à la fabrique par damoiselle Charlotte-Marguerite de Lardière, décédée quelques années auparavant, à La Boivinerie, petite seigneurie alors dépendante de Saint-Pellerin, et depuis annexée à Courtalain.

L'année suivante, la petite ville voguait en pleine démocratie. Les habitants étaient convoqués à l'effet de délibérer sur la répartition de la taille et sur la nomination du collecteur; celui-ci fut un nommé Jean Moreau. L'honorable fonctionnaire trouva trop pénible, sans doute, de vaquer lui-même aux fonctions de sa charge, et, pour éviter des dérangements pénibles, il chargea du recouvrement le nommé André Boucher et lui alloua à cet effet 100 livres d'honoraires et une paire de souliers.

Une dernière réunion eut lieu en 1730 ; elle avait pour but de réprimer, une fois encore, les fraudes relatives aux objets exposés sur le marché et d'édicter des peines contre les délinquants.

Et puis, plus d'un demi-siècle de silence s'écoule et nous arrivons à l'époque de la Révolution.

Nous avons raconté ailleurs l'agitation fébrile qui remua alors à Courtalain les institutions et les hommes. Nous n'en dirons donc rien ici ; à quoi bon, du reste, renouveler de pénibles souvenirs ? N'est-il pas préférable de les couvrir du voile de l'oubli ?

Quant aux citoyens qui acceptèrent à cette époque la fardeau de la Mairie, nous nous faisons un devoir de le dire, leur passage aux affaires nous a paru intègre et dévoué ; il convient donc de consigner leurs noms en cette place.

Le premier fut ce René Tenaisie, beau-frère du député Pétion, dont nous avons raconté ailleurs la brillante fortune et la fin tragique. Ancien bailli des châtellenies de Courtalain, Bois-Ruffin, Le Mée et autres, il était naturellement apte à bien administrer la commune.

Son successeur fut Nicolas Barbereau, son beau-frère, licencié ès lois, avocat au Parlement, ancien procureur fiscal des mêmes châtellenies. Le passage de M. Barbereau à la mairie fut de courte durée, nous l'avons dit déjà. Il se retira à Châteaudun, son pays natal.

Après lui, vinrent Mamès Rabasse et Jean Gresteau, ci-devant procureur et greffier, député de la fédération de Paris, décoré de la médaille nationale. Après avoir passé au pouvoir les jours les plus difficiles de la Révolution, Jean Gresteau résigna ses fonctions et fut remplacé par son prédécesseur, Mamès Rabasse.

Mamès Rabasse exerça ses fonctions jusqu'en 1803, où il eut pour successeur Marin Roy : sabotier de profession et très mêlé aux affaires pendant toute la période révolutionnaire, Marin Roy venait de reprendre le nom qu'il avait hérité de ses ancêtres, après l'avoir échangé en 1793 pour celui d'Égalité.

Le successeur de Marin Roy fut ce même Mamès Rabasse, que nous retrouvons pour la troisième fois à la tête des affaires communales. Mamès Rabasse était sans doute l'homme de la situation, car, cette fois, il resta en fonctions jusqu'à 1816, c'est-à-dire pendant dix ans entiers. Démissionnaire un instant en 1812 en faveur du duc de Montmorency, alors en résidence à Courtalain, il reprit bientôt ses fonctions et les exerça jusqu'au moment où la Restauration, définitivement installée, permit au noble duc de s'occuper activement des affaires de la commune.

M. de Montmorency resta maire jusqu'en 1840. Pendant quelques années, il cumula ce titre avec celui de maire de Saint-Pellerin. En effet, les deux communes sont si rapprochées que leurs intérêts semblent souvent se confondre, surtout en face d'un grand propriétaire terrier, comme l'était M. de Montmorency. Aussi, les sollicitudes et les soins du noble duc embrassèrent-ils en même temps l'une et l'autre localités. Les églises, les écoles, les presbytères, les chemins, les ponts, les rues, les halles, furent tour à tour l'objet de sa vigilance et de ses largesses.

Un jour, pourtant, il eut à subir de la part du Conseil municipal de Courtalain un contrôle qui aura dû être pénible à son grand cœur. Il venait de rendre compte de sa gestion financière et il croyait l'avoir fait avec assez de détails pour satisfaire la conscience de ses collègues, quand un membre du Conseil objecta que l'examen sommaire qui venait d'être fait ne lui paraissait pas suffisant, et qu'il ne convenait pas d'approuver un compte si superficiellement examiné. Chose étrange, la majorité approuva l'opposant. M. le duc lui remit toutes les pièces en main et se retira, après avoir fixé la réunion au lendemain.

Notons, en passant, que M. le duc de Montmorency cumulait les titres de pair de France, officier de la Légion d'honneur et chevalier de Saint-Louis, et qu'en 1814 il avait été, après le départ du maréchal Moncey duc de Conegliano, investi du commandement suprême de la place de Paris.

Quoi qu'il en soit, M. le duc de Montmorency n'était encore maire de Courtalain que depuis quelques jours quand vint la fête du roi ; il crut de son devoir d'inaugurer ses fonctions en donnant à cette fête toute la splendeur désirable. Voici, en effet, ce que nous lisons dans le registre des délibérations du Conseil municipal :

« Le 25 août 1816, jour de la fête de saint Louis, a été pour les habitants de Courtalain et de Saint-Pellerin un nouveau motif de faire éclater leurs transports de joie et d'exprimer les sentiments d'amour et de respect dont ils sont pénétrés pour le meilleur des rois.

« M. le duc de Montmorency, maire des communes de Courtalain et Saint-Pellerin, voulant donner à ce beau jour plus d'éclat et en même temps seconder les intentions bienveillantes de notre auguste monarque, avait proposé au Conseil municipal de faire en ce jour solennel l'inauguration du buste du roi dans la salle de la Mairie et de faire une distribution de pain aux pauvres; ce qui a été accepté avec grande joie.

« En conséquence, à l'issue des offices divins, le corps municipal s'est rendu au château pour y prendre M. le duc de Montmorency et former le cortège qui devait accompagner le buste du roi. Tous les jeunes gens, au nombre d'environ cinquante, s'y trouvèrent réunis sous les armes. Au départ du cortège, ils ont fait une décharge. Le buste du roi, placé dans une niche de feuillage, d'épis de blé, de cornes d'abondance, était porté par M. Girard, capitaine d'infanterie à demi-solde, et par M. Lelong, lieutenant en retraite. Partout où le cortège a passé, les drapeaux blancs flottaient à toutes les maisons. La population des deux communes était réunie. Partout la joie la plus vive se faisait remarquer sur tous les visages.

« Sur la place de la halle, beaucoup de jeunes demoiselles, habillées en blanc, dansaient des rondes, en chantant des couplets en l'honneur du bon roi.

« Arrivé à la mairie, on a fait une seconde décharge. Après l'installation du buste dans la salle, M. le duc de Montmorency a fait un discours où il a rappelé à tous les habitants combien nous devons aimer notre roi, lui être soumis, et nous réunir tous sincèrement autour de son trône.

« Ce discours a été vivement applaudi par les cris de : Vive le roi ! Ensuite, la distribution du pain a été faite, aux mêmes cris d'allégresse et aux cris de : Vive M. le duc de Montmorency ! qui a fait cette distribution à ses frais.

« Le cortège s'est remis en marche pour reconduire M. le duc de Montmorency à son château, en chantant l'air chéri des Français : *Vive Henri IV!* et au milieu des mêmes acclamations et des mêmes cris répétés par tous les spectateurs.

« A l'issue de cette auguste cérémonie, les jeux ont commencé. Il y a eu des courses pour les jeunes demoiselles et pour les garçons, et un mât de Cocagne où il y avait plusieurs prix qui ont été gagnés.

« Cette belle journée a été terminée par une illumination générale. La plupart des illuminations avaient des emblèmes qui exprimaient le dévouement qu'ont les habitants de Courtalain pour leur roi.

« A huit heures du soir, s'est ouvert un bal public dans l'orangerie du château, qui était élégamment illuminée. Ce bal s'est prolongé jusque dans la nuit avec la gaieté la plus franche et le plus grand ordre. Les cris de : Vive le roi ! se faisaient entendre bien avant dans la nuit.

« Les habitants de Courtalain doivent à la munificence et aux soins de M. le duc de Montmorency une aussi belle fête, qui restera toujours gravée dans leurs cœurs. Il ne cesseront de lui en marquer leur reconnaissance par leur amour et leur dévouement à notre bon roi.

« A Courtalain, les jour, mois et an que dessus. »

Les années suivantes sont remarquables par les travaux publics qui furent exécutés.

Le 19 août 1823, la municipalité était appelée à donner son avis, relativement au bureau de poste d'où devait dépendre Courtalain. Elle opta pour Châteaudun. Un facteur fut chargé du service, bientôt devenu quotidien.

Quatre ans plus tard, il y avait grande fête à Courtalain. Nous lisons, en effet, à la date du 4 juillet 1827, le récit suivant :

« Depuis quelque temps, les habitants de la commune de Courtalain avaient appris que Son Altesse Royale Madame la duchesse de Berri viendrait visiter le château de M. le duc de Montmorency et se livraient par avance à la joie, dans l'attente du jour heureux où cette princesse issue du sang des rois viendrait honorer de sa présence l'antique demeure des Montmorency.

« Quoique le voyage de Son Altesse Royale n'eût pas pour but de visiter la commune, néanmoins les habitants ne voulurent pas rester étrangers à l'honneur de sa réception et s'empressèrent à l'envi de dresser un arc de triomphe à cette auguste princesse, au bois de la Tirelle, sur la route de Châteaudun, dont il occupait toute la largeur, ayant 24 pieds d'élévation, en plate-forme. Cette plate-forme était surmontée des armes de France et de celles de Son Altesse Royale, soutenues par deux jeunes garçons. De chaque côté, sur la plate-forme, trois jeunes filles en blanc jetaient des fleurs. L'arc était élevé sur huit colonnes ornées de torsades en lierre et en bleuets sur un fond blanc ; entre chaque espace de colonnes étaient des jeunes filles vêtues de blanc et tenant des branches de lys à la main.

« Le 4 Juillet 1827.

« Ce jour tant désiré arrive enfin et dès midi, quoique la princesse, objet de tous les vœux, ne dût arriver qu'à 2 heures, tous les habitants, qui avaient spontanément orné leurs maisons de drapeaux blancs, se portent avec empressement sur la route par où devait passer l'illustre membre de la famille royale.

« La princesse ne paraît qu'à 6 heures à l'arc de triomphe où l'attendait avec impatience et une sorte d'inquiétude, à cause de ce retard, un immense concours de monde de la commune et des environs.

« M. le duc de Montmorency, comme maire, à la tête du Conseil municipal, s'approche de la voiture et harangue Son Altesse Royale en ces termes :

« Madame,

« En ma qualité de maire de village, je devrais ennuyer Votre Altesse « Royale d'une longue harangue, dont elle ne me saurait pas autant de « gré qu'elle aurait de regret de perdre à m'entendre un temps bien « précieux pour elle et pour nous. Mais je n'abuserai pas du droit de ma « place. Madame trouvera bon, j'en suis sûr, que je m'en tienne à me « joindre au corps municipal de Courtalain pour déposer à ses pieds « l'hommage respectueux des habitants et à répéter, avec eux, ce que « nous avons tous dans le cœur :

« Vive Son Altesse Royale ! Vive le Roi ! »

« Alors les cris de : Vive Madame la duchesse de Berri ! Vive le duc de Bordeaux ! Vivent les Bourbons ! furent répétés par la foule qui entourait la voiture de Son Altesse Royale et se pressait avide de contempler les traits de l'auguste mère du duc de Bordeaux.

« La princesse était rayonnante de joie et de gaîté.

« Ensuite Madame passa sous l'arc de triomphe, suivie de trois voitures dans lesquelles étaient M. le comte de Mesuari, son premier écuyer, M. le comte d'Andeleau, officier des gardes, Mmes les comtesses de Mesiret et de Corteja, qui accompagnaient Son Altesse Royale.

« M. le baron de Giresse, préfet du département, et M. le général comte Reille, qui avaient suivi Madame, ayant été invités par M. le duc de Montmorency, parurent jeter un coup d'œil de surprise et d'admiration à la vue de l'arc de triomphe si élégamment orné.

« La princesse se rendit au château, escortée par la foule qui se précipitait sur ses pas.

« Arrivée dans la cour du château où l'attendaient et la reçurent Mme la duchesse de Montmorency, Mme la comtesse de Matignon, M. le baron et Mme la baronne de Montmorency, M. le prince et Mme la princesse de Bauffremont et M. le curé de la paroisse, Mme la duchesse de Berri trouva plus de 40 demoiselles, toutes en blanc, ayant chacune un bouquet et des fleurs qu'elles lui offrirent.

« Enfin la princesse fut introduite dans le château, et, après quelques instants de repos, Son Altesse Royale se mit à table.

« Pendant le dîner, la musique du 5e chasseurs, qui s'était rendue à Courtalain, joua les airs chers aux Français et diverses fanfares.

« Le soir, toutes les maisons de Courtalain furent illuminées. Le château et les environs le furent aussi d'une manière toute particulière. Une salle de danse en verdure, élevée dans les quinconces du château, était illuminée en lanternes de couleur. Là, les jeunes gens dansèrent une partie de la nuit, pour célébrer ce jour plein d'allégresse.

« La soirée fut terminée par un superbe feu d'artifice qui fut souvent accompagné des cris de : Vive Mme la duchesse de Berri ! et le bouquet fut salué de : Vivent Caroline et les Bourbons !

« Le lendemain, la journée se passa en toutes sortes de divertissements, tels que danses, mât de Cocagne, rondes...., que la princesse se complaisait à encourager de sa présence et à honorer de ses regards du haut du balcon du château.

« Il eût été à désirer que l'inconstance du temps n'eût pas contrarié un peu la joie du lendemain d'un si beau jour, et eût permis à Son Altesse Royale de se promener à pied dans Courtalain, comme elle en avait l'intention.

« Elle passa en calèche seulement aux deux extrémités de l'endroit ; de cet endroit où le souvenir d'avoir possédé cette princesse restera longtemps gravé dans tous les cœurs. Cette seconde journée se termina par trois petites pièces que les sous-officiers du 5e régiment de chasseurs, en garnison à Châteaudun, jouèrent sur le théâtre du château.

« A son entrée dans la salle, Mme la duchesse de Berri fut saluée par une explosion des plus vives acclamations et par l'air chéri d'Henri IV.

« A la fin du spectacle, un des jeunes acteurs adressa un couplet à l'auguste princesse, et Son Altesse Royale se retira non sans témoigner sa satisfaction sur cette brillante réception, et les cris de : Vivent Madame et les Bourbons ! la saluèrent de nouveau à la sortie de la salle.

« Selon le désir de M. le duc de Montmorency, maire, et des membres du Conseil municipal, cette relation a été transcrite sur le registre des délibérations du Conseil, pour en perpétuer le souvenir. »

Trois mois ne s'étaient pas écoulés qu'une autre visite, plus considérable encore, renouvelait pour Courtalain les émotions et les joies dont nous venons de parler.

Nous lisons en effet, à la date du 18 septembre de cette année, la relation suivante :

« Au moment où les habitants de Courtalain furent honorés de la visite de Mme la duchesse de Berri, celle de Mme la Dauphine leur fut annoncée comme très prochaine.

« En effet, Son Altesse Royale Mme la Dauphine, cette auguste princesse, fille de nos rois, ne tarda pas à visiter plusieurs départements, et ayant séjourné chez M. le marquis de Vibraie, son chevalier d'honneur, M. le duc de Montmorency obtint l'insigne faveur que Son Altesse Royale honorerait de son auguste présence l'antique demeure des Montmorency, quoique la difficulté des chemins semblât s'y opposer. Mais Mme la Dauphine n'eut pas lieu de regretter d'avoir condescendu au désir de M. de Montmorency et de sa famille, car sur le passage de Son Altesse Royale tout le monde témoigna le plus grand empressement.

« Ce fut donc le 18 septembre 1827, à deux heures, que Son Altesse Royale Mme la Dauphine fit son entrée à Courtalain, aux cris mille fois répétés de : Vive Madame la Dauphine ! et : Vivent les Bourbons !

« La population de Courtalain et des environs accourut sur le passage de Son Altesse Royale, ivre de joie.

« On eut seulement à regretter d'avoir été prévenu par l'arrivée de l'auguste princesse qui, n'étant attendue que sur les trois heures, arriva une heure plus tôt, au grand désapointement de M. le duc de Montmorency, maire, et du Conseil municipal, qui se disposaient à recevoir en corps Son Altesse Royale, à l'arc de triomphe dressé par la commune au haut de la vallée des Bordes, où l'on ne put arriver qu'isolément et trop tard.

« Un autre arc de triomphe avait été élevé à l'entrée du parc, à la barrière des quinconces du château.

« De cet arc de triomphe Son Altesse Royale passa dans une avenue improvisée par M. le duc et pavoisée de guirlandes et d'une quantité considérable de drapeaux blancs ; ce qui offrait un charmant coup d'œil.

« Les mêmes divertissements qui avaient eu lieu lors du séjour de Mme la duchesse de Berri se renouvelèrent alors.

« La joie la plus vive, la gaîté la plus franche, embellirent cette fête.

« Un ballon fut lancé à la fin du jour. Après quoi, il fut tiré un superbe feu d'artifice.

« La fête fut terminée par deux petites pièces de comédie qui furent jouées sur le théâtre du château par M. le duc, plusieurs membres de sa famille et quelques amis de la maison.

« A la fin du spectacle, on chanta des couplets analogues à la circonstance de cet heureux jour.

« Mme la Dauphine parut tout particulièrement flattée de la réception qui lui fut faite par l'illustre famille de Montmorency, et voulut lui en témoigner sa reconnaissance. »

En prenant part à ces fêtes, qui donc eût pu soupçonner que les princesses, objet de tant d'acclamations, auraient bientôt à reprendre le chemin de l'exil, pour ne plus jamais revoir leur patrie bien aimée ?

Qui donc eût pu soupçonner que la révolution de juillet 1830 était si proche ?

Qui donc, surtout, eût pensé que le régime inauguré par les trois Glorieuses serait salué avec enthousiasme par les habitants de Courtalain ?

Et pourtant il en fut ainsi, et, dans son empressement, la municipalité n'attendit pas les décrets ministériels pour organiser la garde nationale et les pompiers.

Les premières réunions se firent sans le concours de M. le duc de Montmorency ; mais bientôt celui-ci n'hésita pas à se rallier au nouveau régime. Il en donna une preuve éclatante le 27 février 1831, à l'occasion de l'inauguration du buste du roi Louis-Philippe dans la salle de la mairie. Voici, en effet, ce qu'on lit à cette date dans le registre de la municipalité :

« Le 27 février 1831, l'ordre fut donné à la garde-nationale de se réunir en grand uniforme sur la place de la Mairie, pour l'inauguration du buste de Sa Majesté Philippe premier. De là on se rendit sous les armes, en cérémonie, avec M. l'adjoint et le reste des membres du Conseil municipal, au château de M. le duc de Montmorency, maire, qui, par ses soins et par celui de tous les habitants de la commune, avait à l'avance décoré de guirlandes de roses et de lauriers le buste chéri de notre nouveau roi, auquel ils ne pouvaient assez porter l'expression de leur enthousiasme.

« MM. les officiers et sous-officiers qui eurent l'honneur de le porter furent M. Damalix, lieutenant de la garde-nationale, deux sous-lieutenants, Guérin et Charrieux, sous-officiers (*sic*). Suivirent MM. les membres du Conseil municipal de la commune, ainsi que tous les habitants, qui, poussés par l'élan que pouvait inspirer un jour semblable, ne cessèrent, durant la marche du cortège, de crier : Vive Sa Majesté Louis-Philippe premier ! Vive à jamais ce bon Roi citoyen !

« On arriva à la maison commune où le buste fut installé. »

M. le docteur Ropton, médecin à Courtalain, prit alors la parole et prononça un discours où il exprimait, dit la chronique municipale, les sentiments d'amour et de respect dont tous les assistants étaient pénétrés vis-à-vis du nouveau souverain.

Ce discours, fréquemment interrompu par les cris de : « Vive le Roi ! Vive Sa Majesté Philippe premier ! » était fort long, paraît-il, et, pour ce motif, n'a point été transcrit sur le registre municipal. Longtemps déposé aux archives, il a disparu depuis. Ce doit être vraiment dommage ! ! !

Notons, en passant, que M. Ropton fut aussi fougueux républicain en 1848 qu'il avait été zélé philippiste en 1830. Tant les convictions sont fragiles chez plusieurs !

Quoi qu'il en soit, la fête de l'inauguration n'était pas encore oubliée qu'une nouvelle fête sollicitait le cœur sensible des habitants de Courtalain.

Le 1er mai, on eut à célébrer la saint Philippe, fête du roi. C'était la première du règne, l'enthousiasme fut donc à son comble. Conseil municipal, sapeurs-pompiers, garde nationale, tout le monde rivalisa de zèle et revêtit ses habits de gala. Le matin, à dix heures, on se rendit à la messe ; c'était alors le programme. Puis il y eut revue, défilé, parade. On but, banqueta, chanta, dansa.

Quant aux chansons patriotiques signalées par le programme, personne n'en voudra douter, ce n'étaient plus celles qui avaient accueilli Mesdames de Berri et d'Angoulême. La chanson d'*Henri IV* avait cessé d'être, à Courtalain, l'hymne chéri des Français ; elle était remplacée par la *Parisienne* et la *Marseillaise.*

Quoi qu'il en soit, la relation nous parle d'une belle et bonne journée où tous les cœurs ne cessèrent de battre à l'unisson, sous l'empire d'une vive et franche gaîté.

Les fêtes de juillet, qui vinrent bientôt, furent moins brillantes. On alla à la messe, quelques pains furent distribués aux pauvres, et ce fut tout.

On se réservait, du reste, pour une œuvre d'une utilité capitale pour le pays : la confection des chemins. Une souscription ouverte à ce sujet s'éleva à la somme de 2.386 francs, grâce au concours de M. de Montmorency.

Le 28 novembre de cette même année 1831, on eut à procéder à l'élection d'un nouveau conseil : M. de Montmorency ne fut élu que le second de la liste ; il n'en accepta pas moins les fonctions de maire et prêta le serment d'usage le 19 février suivant.

Depuis l'époque de la révolution de 1793, la commune de Courtalain avait cessé de posséder une maison d'école ; l'autorité supérieure crut urgent de faire cesser cet état de choses et mit la commune en demeure de se procurer un local qui convînt à cette destination. Le Conseil municipal, réuni le 10 juin 1833 pour en délibérer, ne trouva de convenable qu'une maison appartenant à M. le duc de Montmorency ; cette maison était estimée 12.000 francs. Le bon duc voulut bien la céder pour 7.500 francs ; en résumé, il se contenta de 1.500 francs ; d'autre part, l'administration préfectorale offrait de se charger des frais d'installation. Les conditions étaient donc des plus avantageuses, mais cette maison était située sur le territoire de Saint-Pellerin et il répugnait au Conseil d'en être réduit à loger l'instituteur communal sur un terrain qui ne fît pas partie de son territoire ; il fit donc la demande d'annexion de cette maison à Courtalain. Après enquête, contre-enquête et sur-enquête, l'autorisation fut enfin obtenue.

Cette autorisation dut mettre en veine le Conseil, car le 28 février suivant, 1834, réuni au lieu ordinaire de ses séances, il rédigeait une pétition ayant pour but de demander que Courtalain fût érigé en chef-lieu de canton, avec les dépendances d'Arrou, Boisgasson, Châtillon, Langey et Saint-Pellerin. La pétition ajoutait que la demande était conforme au vœu des communes désignées.

Au nombre des considérants, nous avons relevé le suivant : « La commune possède un bureau de poste qui dessert les dites communes ; un facteur attaché à ce bureau porte successivement les correspondances dans chacune d'elles ».

Le vœu émis en 1823, relativement au bureau de poste, avait donc reçu alors son complément nécessaire. Quant à la pétition, elle est des plus explicites ; rien n'y est oublié, tout y figure, jusqu'aux habits des sapeurs-pompiers et à la tenue irréprochable des chasseurs de la garde nationale.

Le 30 novembre 1835, avait lieu l'élection d'une municipalité nouvelle. M. le duc de Montmorency réunit pour cette fois le plus grand nombre de suffrages ; aussi les travaux intéressant le bien public furent-ils poussés avec activité cette année et les suivantes : des ponts furent construits ; des chaussées établies ; les rues élargies ; les côtes abaissées. Rien ne fut oublié, pas même l'éclairage aux jours de marché, qui fut inauguré en 1837.

Pendant ce même laps de temps, le Conseil municipal, débouté de ses espérances relativement à l'érection de la commune en chef-lieu de canton, porta ailleurs ses vues, et par pétitions tour à tour adressées à MM. les Sous-Préfet, Préfet, Ministres, Membres des Conseils d'arrondissement et Conseils généraux, demanda l'annexion, tantôt complète, tantôt partielle, de Saint-Pellerin à Courtalain.

En même temps, il luttait énergiquement contre l'établissement d'un marché à Droué, le jugeant très préjudiciable à celui de Courtalain. Il en fut de même relativement aux foires ou marchés à établir à Arrou, Yèvres, Châtillon, Unverre, Dangeau, Moisy, la Bazoche-Gouet et autres localités.

Nous notons avec regret que les oppositions du Conseil municipal n'eurent aucun succès ; il fut battu sur toute la ligne. Ce fut sans doute pour se consoler de ses échecs successifs qu'il s'en prit à M. de Montmorency lui-même.

Un chemin enclavé dans la propriété des ducs de Montmorency et portant, depuis 1820, le nom de Chemin des Sœurs, parce qu'il conduisait directement à l'école que Mme la baronne de Montmorency avait fondée alors dans une dépendance du château, ce chemin, fermé depuis par une grille, était sans issue et ne pouvait servir qu'au propriétaire. M. de Montmorency le regardait donc comme sien et agissait en conséquence ; le Conseil le trouva mauvais et revendiqua pour la commune la possession du dit chemin. Le Conseil de préfecture, appelé à donner son avis, décida en faveur du château ; mais le Conseil de Courtalain, loin de se soumettre à la décision préfectorale, remit la cause entre les mains de la Justice, et un procès eût fatalement suivi, si le bon duc, comme l'appelait le vulgaire, dans le désir d'éviter une lutte désagréable, n'eût consenti à une transaction, en payant le chemin au prix d'experts.

Cependant cette attitude le froissa péniblement ; aussi, quand à quelque temps de là, le Conseil ayant appris que le noble duc avait choisi Courtalain comme lieu de sa sépulture, lui offrit de lui concéder gratuitement le terrain convenable, il refusa net.

Le cadeau, du reste, était à peu près sans valeur, car il était déjà question de déplacer le cimetière à cause de son insalubrité. Ce déplacement eut lieu, en effet, quelques années plus tard, en 1849.

Quoi qu'il en soit, ce fut là un des derniers actes de la vie civile de M. le duc de Montmorency. Dès les premiers jours de l'année 1840, il donnait sa démission de maire et de conseiller municipal, et s'enfermait pacifiquement dans la solitude de son manoir.

Quelques années auparavant, en 1836, un événement profondément regrettable était venu jeter le deuil dans la famille royale et la consternation dans le cœur de beaucoup de Français : Mgr le duc d'Orléans, fils aîné du roi Louis-Philippe et héritier présomptif de sa couronne, était mort des suites d'un accident de voiture.

La municipalité de Courtalain, comme toutes les municipalités du royaume, fut invitée à adresser à Sa Majesté le roi des Français une lettre de condoléance. Elle répondit à cette invitation par un billet ainsi conçu :

« Le Conseil municipal de Courtalain a appris la mort du prince royal avec une émotion profonde. Toujours fermement attaché de cœur au roi, il a ressenti une vive douleur à chaque coup du sort qui est venu l'affliger sur son trône ; mais la mort du duc d'Orléans, l'héritier de la couronne, l'orgueil et l'espoir de la France, lui a surtout été très sensible.

« Le Conseil municipal a compris toute l'étendue de la perte que vient de faire le pays ; il partage le deuil dans lequel cette mort va plonger la nation tout entière, et il s'associe en cette douloureuse circonstance aux regrets de tous les cœurs vraiment français. »

M. le duc de Montmorency fut remplacé à la mairie par M. Nicolas-André de Pheline, qui, alors, ne séparait plus la particule de son nom et signait Depheline.

M. de Pheline se fit un devoir de continuer les travaux inaugurés par son prédécesseur.

Au nombre des actes les plus marquants de son administration on cite la demande pour Courtalain d'un concours de juments poulinières, l'achat d'une pompe à incendie et celui d'une horloge communale.

Mais le fait qui prime tous les autres, ce fut sans contredit l'annexion à Courtalain des maisons de la commune de Saint-Pellerin qui faisaient en quelque sorte partie intégrante de son bourg. C'était là, nous l'avons déjà vu ailleurs, un projet depuis longtemps caressé ; aussi la joie fut-elle grande chez les membres de la municipalité, et dans leur reconnaissance ils allèrent jusqu'à prier l'administration supérieure de vouloir bien dédommager Saint-Pellerin en lui annexant la commune entière de Boisgasson ! ! ! Avouons que l'inspiration était sublime !

Aussi, cette même année 1846, M. de Pheline abandonnait ses fonctions de maire pour faire place à M. Jacques-Louis Penelle, ancien notaire à Courtalain et alors régisseur des propriétés de la famille de Montmorency.

L'administration de M. Penelle fut des plus actives et des plus utiles à Courtalain ; c'est à lui qu'il faut faire remonter la première idée de l'établissement de courses de chevaux, aujourd'hui encore existantes.

M. Penelle était maire quand éclata la révolution de février 1848 ; c'est donc à lui que l'on doit la rédaction de l'adresse que le Conseil, réuni en séance le 5 mars, résolut d'envoyer aux chefs du gouvernement provisoire, et dont voici la teneur :

« Citoyens,

« Les idées de liberté, d'ordre et de réformes progressives et régulières, qui servent de guide au gouvernement nouveau, sont entièrement partagées par la population de cette commune et particulièrement par les membres de l'administration communale. Ils s'empressent en conséquence de donner leur adhésion pleine et entière au gouvernement de la République, adhésion qui est aussi celle de tous les citoyens. Ils considèrent cet évènement comme le signal des réformes sociales qu'ils ont appuyées et défendues. Le gouvernement républicain établira l'union et la fraternité par une communauté pacifique et régulière de tous les intérêts, de tous les droits, de tous les devoirs. Il réalisera, nous l'espérons, l'amélioration des moyens d'éducation en général, l'établissement d'un enseignement complet et gratuit de l'agriculture, les réformes qui se rattachent aux divers besoins du pays. Il améliorera le sort des classes laborieuses et pourvoira aux besoins des invalides du travail ; il réalisera enfin toutes les mesures qui caractérisent un gouvernement d'intérêt général.

« Notre concours à ces diverses réformes sera confiant et actif, en même temps que nous nous dévouerons unanimement au maintien de l'ordre et de la sécurité publique.

« Agréez, citoyens, l'assurance de nos sentiments dévoués. »

(Suivent sept signatures.)

Ce programme si savant et si sage ne devait pas se réaliser ; des révoltes incessantes arrêtaient le commerce et compromettaient la sécurité.

Au mois de juin particulièrement, il y eut à Paris une insurrection formidable, qui, un instant, menaça jusqu'à l'existence même de la patrie. Tous les citoyens en état de porter les armes furent appelés à la défense de l'ordre de choses établi.

A Courtalain vingt gardes nationaux se firent inscrire à la mairie et partirent immédiatement pour Paris. Mais, arrivés à Bonneval, on les informa que l'insurrection était vaincue et que leur présence à Paris était sans objet. Ils reprirent donc le chemin de Courtalain. A leur arrivée, la population les reçut avec honneur et le Conseil municipal leur vota des félicitations et des remerciements.

Le 19 août, la réunion du Conseil fut plus pacifique et moins émouvante. Par son testament olographe en date du 23 mai 1845, M. le duc Anne-Charles-François de Montmorency avait fait à l'hospice des incurables de Châteaudun un legs de 24.000 francs, à la charge de recevoir quatre vieillards, au choix de sa famille, parmi les habitants de Courtalain ou, à leur défaut, parmi ceux de Saint-Pellerin, Arrou et Châtillon. Cette clause du testament du noble duc n'avait point encore sorti son effet, et le Conseil municipal était appelé à statuer à son sujet. L'avis fut favorable. Il n'en pouvait être autrement.

Le 11 septembre suivant, la commune de Courtalain fut, comme toutes les communes de France, appelée à renouveler son Conseil municipal. M. le duc Raoul de Montmorency, successeur de son père le duc Charles, au château de Courtalain, fut du nombre des élus ; mais, n'ayant réuni que cinq suffrages lors de la nomination du maire, il crut devoir démissionner. L'ancien maire, M. Penelle, fut donc maintenu dans ses fonctions, grâce à une majorité de neuf voix sur douze votants.

Une souscription volontaire donna, cette année et les suivantes, du travail et du pain aux indigents. Il n'est point besoin de dire que M. de Montmorency fut de beaucoup le plus haut souscripteur ; parmi les travaux exécutés alors, on cite la suppression du fossé communal, en partie remplacé par une rue, la construction d'un puits, des murs du cimetière, d'une sacristie et du clocher actuel, sans parler du redressement et nivellement des routes du Poislay, de Saint-Pellerin et de Châtillon. Quant au terrain même du cimetière, M. de Montmorency en avait fait abandon complet et gratuit à la commune.

A notre grande surprise, nous n'avons trouvé dans les registres de la municipalité aucune note relative à la plantation de l'arbre de la liberté en 1848 ; nous savons seulement qu'il fut arraché en 1851, tombant de vétusté, dit le rapport municipal.

A notre grande surprise également, nous n'avons trouvé aucune allusion soit au plébiscite, soit à la constitution impériale. Ces grands événements auront donc passé inaperçus à Courtalain.

Le 10 juin 1853, le projet de 1838 relatif au chemin de fer de Paris à Tours, passant par Courtalain, était de nouveau mis à l'ordre du jour ; mais, cette fois encore, l'exécution devait être retardée.

Le 24 mars, le Conseil, réuni sous la présidence de M. Debiée, adjoint, votait, à l'unanimité des membres présents, une adresse à Sa Majesté l'Empereur, à l'occasion de la naissance du prince impérial. Le texte n'en a point été conservé.

Quelques mois plus tard, mourait M. Penelle. Le Conseil municipal, réuni sous la présidence de l'adjoint, reconnaissant des services rendus par cet éminent administrateur, votait une adresse de condoléance à sa veuve et à ses enfants et leur concédait à perpétuité un terrain dans le cimetière communal.

Le successeur de M. Penelle fut M. Charles Laya, notaire à la résidence de Courtalain.

Le premier acte de M. Laya fut de demander à la Préfecture d'Eure-et-Loir de vouloir bien conserver dans les actes officiels l'ancienne orthographe de Courtalain, dont elle se permettait depuis quelque temps de changer la désinence.

Le 14 janvier 1858, avait lieu contre l'Empereur l'attentat d'Orsini, qui fit tant de victimes. Le registre municipal ne le mentionne pas.

Le 14 septembre suivant, décédait au château de Chaussepot, et était, sur la demande qu'il en avait faite, inhumé à Courtalain, M. Thomas-Antoine-Adolphe, baron de Maussion, ancien consul et préfet du palais, commandant de l'ordre impérial de la Légion d'honneur. Sont cités, comme présents à l'inhumation : M. le comte de Sade, gendre du défunt, et M. le comte de Maussion, son neveu.

En cette même année (1858), décédèrent également M. de Pheline, l'ancien maire, et dame Marie-Victoire-Rosalie Chabot de Moncay, veuve Guérin de Villiers.

Cependant, de toutes ces pertes, la plus regrettable pour le pays de Courtalain et ses environs fut, nous l'avons dit ailleurs, celle de Madame Euphémie-Théodora de Harchies, duchesse de Montmorency, aussi remarquable par les dons de l'esprit que par les qualités du cœur.

M. le duc succombait lui-même, en 1852, victime d'une affection qui l'avait longtemps et sourdement miné. Par son testament, daté de Claremont (Angleterre), séjour ordinaire de la famille d'Orléans, pour laquelle il avait toujours professé la plus vive amitié, il faisait don à la commune de Courtalain : 1° d'une maison sise place des Halles, où depuis quelques années déjà les Sœurs de Saint-Paul de Chartres faisaient l'école ; 2° de la ferme du Four, située sur la commune de Saint-Pellerin ; 3° d'une somme de 60.000 francs destinée à l'acquisition de biens ruraux. Cette somme fut ultérieurement consacrée à l'achat de la ferme de la Goulardière, située sur la commune de Bouffry.

Quelques années après, dans le courant de 1864, le maire de Courtalain réglait, de concert avec les supérieurs de la communauté de Saint-Paul, l'indemnité à revenir aux sœurs chargées de l'école, selon le vœu de M. le duc de Montmorency. Cette indemnité fut fixée à 1.860 francs.

Le 2 juin 1866, M. Laya dut résigner ses fonctions de maire et fut remplacé par M. Louis-Charles-Armand marquis de Gontaut-Biron Saint-Blancard, propriétaire alors du château de Courtalain, en qualité d'époux de dame Félicie de Bauffremont, nièce et légataire du défunt duc Raoul de Montmorency.

M. de Gontaut fut installé comme maire le 9 juin et prêta le serment accoutumé d'obéissance à la Constitution et de fidélité à l'Empereur. Comme don de gracieux avènement, M. de Gontaut fit ouvrir, sur la place de l'église nommée Place d'Armes, la belle porte romane qu'on y admire. Cette même année, par suite de la démolition des halles et l'annexion de la salle de la mairie à l'école communale, l'horloge publique fut installée au clocher de l'église paroissiale.

Cette même année encore, un marché de denrées alimentaires s'établissait à Arrou, malgré les protestations indignées du Conseil municipal de Courtalain.

L'année suivante, on revint pour la cinquième ou sixième fois sur le projet de fusion de Saint-Pellerin avec Courtalain.

M. le marquis de Gontaut exerçait encore les fonctions de maire au moment des tristes événements de la fatale guerre de 1870. Grâce à son énergie et à sa prudence, Courtalain fut préservé du pillage et de l'incendie, dont, plus d'une fois, le menacèrent nos cruels envahisseurs. Lui-même fut sur le point d'être emmené en Prusse comme prisonnier de guerre ; cinq de ses fils et ses deux gendres faisaient alors partie de l'armée active ; l'un d'eux fut blessé à Coulmiers. Aussi ses amis songèrent-ils à le faire décorer, mais sa modestie ne lui permit pas d'accepter cet honneur.

L'invasion finie, M. le marquis de Gontaut remit à la commune la valeur de 16.000 francs environ pour se libérer de ses dettes ; il solda, en outre, tous les frais qu'avait occasionnés l'installation de l'ambulance établie dans les salles de l'école Montmorency.

M. le docteur Chauveau, médecin de la localité, marchant sur les traces de l'honorable châtelain, voulut lui-même faire donation de tous les honoraires qui auraient pu lui revenir pour les soins qu'il avait prodigués aux blessés et aux malades soit Français soit Prussiens.

On eût pu croire qu'après d'aussi belles actions, M. le marquis allait être acclamé par ses concitoyens ; il en fut tout autrement. Aux élections qui eurent lieu en 1871, il ne recueillit qu'une majorité insignifiante ; aussi n'accepta-t-il point la mairie : il donna sa démission de conseiller et quitta Courtalain, où il ne revint pas de longtemps.

M. le marquis de Gontaut eut pour successeur M. François Darreau, qui continua ses fonctions jusqu'en 1876.

Les actes les plus remarquables du passage aux affaires de M. Darreau sont : l'inauguration de la plaque commémorative du combat du 31 décembre 1870 ; l'installation d'un bureau de Caisse d'épargne ; la constitution d'une fanfare et l'acquisition, au décès d'un nommé Leroux, de la mairie actuelle, sur la place du Ballet.

M. Darreau eut pour successeur M. Louis-Thomas Bidault, négociant en grains.

Deux actes principaux signalèrent le passage aux affaires de cet honorable magistrat : une lettre de félicitations au président Grévy, et la demande à la supérieure de Saint-Paul de vouloir bien désigner pour la direction de la petite classe une sœur qui fût, aussi bien que la directrice de l'établissement, munie d'un brevet de capacité.

M. Bidault démissionna, pour cause de santé, en 1882, et mourut bientôt après. Il avait été conseiller municipal pendant 42 ans et assez longtemps membre du Conseil d'arrondissement de Châteaudun. Son éloge fut, d'après le vœu du Conseil, consigné au registre municipal.

M. Bidault eut pour successeur M. Darreau, maire pour la seconde fois. M. Darreau eut la joie de présider à l'installation d'un bureau télégraphique reliant la commune avec les bureaux établis à la gare du chemin de fer de Paris à Bordeaux. M. le comte Armand de Gontaut, fils aîné de M. le marquis, contribua à l'entreprise pour la somme de 500 francs ; le Conseil, dans sa séance du 31 décembre, lui vota des remerciements.

L'année suivante, l'installation d'un bureau de poste à Arrou fut pour le Conseil une source d'ennuis, relativement à la desserte de Châtillon, qu'Arrou réclamait et que Courtalain, naturellement, voulait conserver.

Cette même année 1883, M. Joseph Verrier, négociant en vins, fut investi des fonctions de maire.

L'année suivante 1884, mourait au château de Saint-Blancard, département du Gers, à l'âge de 44 ans, M. le comte Armand de Gontaut, emportant avec lui les regrets de tous ceux qui l'avaient connu ; il était, à sa mort, président du Conseil général du Gers. Le Conseil municipal de Courtalain crut devoir s'associer au deuil de sa famille et de ses nombreux amis.

Depuis son installation en 1883, la gare voisine n'avait point de communication directe avec le bourg ; le Conseil décida, dans le courant de 1886, qu'il y avait lieu de remédier à cet inconvénient et prit une délibération à ce sujet. M. le marquis de Gontaut offrit spontanément tout le terrain qui serait nécessaire à cet établissement. Le projet, toutefois, ne se réalisa qu'en 1892, en raison des difficultés que souleva l'autorité préfectorale.

Un dernier acte de la municipalité alors en exercice fut une allocation de 800 francs remise au docteur Feuilletaud, en vue de son installation à Courtalain.

Le 20 mai 1888, avaient lieu de nouvelles élections municipales. Le Conseil nomma pour maire M. le comte Antoine de Gontaut ; mais celui-ci résigna bientôt ses fonctions, que son trop court séjour à Courtalain l'empêchait de remplir à son gré ; il eut pour remplaçant M. Joseph-Alfred Jamet, propriétaire à Courtalain et adjoint au maire.

L'administration préfectorale renouvelait alors la demande, déjà plusieurs fois formulée, de la création d'une école laïque de filles. Mais cette fois encore la municipalité reculait devant la dépense ; il en fut de même en 1896.

Les élections de 1892 ne modifièrent en rien le Conseil précédemment en exercice ; M. Jamet resta maire et présida à la célébration du centenaire de la proclamation de la République.

L'année suivante, 1893, le maire vendait, avec l'assentiment du Conseil, pour la somme de 1.200 francs un magnifique bureau donné jadis à la mairie par le duc Charles de Montmorency, et formulait une fois encore une demande, qu'il devait renouveler en 1895, d'annexion à Courtalain de tout l'emplacement de la gare.

Le 22 juillet de cette même année, M. le marquis d'Argent, président du Comice agricole libre de l'arrondissement de Châteaudun, était autorisé par la municipalité à tenir séance sur la place du Ballet ; ce Comice fut très brillant et donna de beaux profits au commerce local.

Le 27 novembre, M. Jamet, forcé par son état de santé de donner sa démission de maire, était remplacé par M. Clément Dubois, pharmacien, en résidence à Courtalain. M. Dubois fut maintenu en ses fonctions de maire par la municipalité élue en 1896. Il eut l'avantage de se voir autorisé à accepter, sauf une légère différence allouée à la famille, le legs de plus de 100.000 francs fait à la commune de Courtalain par M. Joseph-Alexandre Rillié, originaire de Courtalain, maître serrurier à Paris.

Le 1er septembre 1897, le Conseil, sur la proposition du maire, voulut bien assister en corps au service célébré dans l'église de Courtalain à l'intention de M. le marquis de Gontaut, récemment décédé à Paris, à l'âge de 83 ans, mais dont l'inhumation devait se faire dans un tombeau de famille, à Saint-Blancard, canton de Masseube (Gers). En même temps, le Conseil faisait parvenir à sa veuve l'adresse suivante :

« Les soussignés, membres du Conseil municipal de Courtalain, réunis en session extraordinaire le premier septembre, sont unanimes à s'associer à la profonde douleur de Mme la marquise de Gontaut-Biron, et lui envoient ainsi qu'à sa famille l'expression des sentiments qui les animent, et de leurs regrets les plus sincères pour celui qui a toujours été le bienfaiteur de la commune. Ils vous prient d'agréer, Mme la Marquise, l'assurance de leurs sentiments les plus dévoués et les plus respectueux. »

(*Suivent les signatures.*)

A cette épitre municipale, M. le comte Antoine de Gontaut, en sa qualité de représentant de la famille, répondit lui-même en ces termes :

« Monsieur le Maire,

« Ma mère a reçu l'adresse que vous lui avez transmise de la part du Conseil municipal de Courtalain. Dans sa profonde douleur, elle me charge d'être son interprète auprès de ces Messieurs et de vous en particulier. Je vous prierai donc de leur transmettre tous les remerciements de ma mère et de leur dire combien elle a été touchée de leur unanimité dans cette douloureuse circonstance. Je veux aussi y joindre tous mes remerciements personnels. Veuillez, etc.

« Comte Antoine de GONTAUT. »

Qui donc, en lisant cette double missive, eût pu soupçonner que cette précieuse harmonie était sur le point de se rompre ?

C'est pourtant ce qui arriva. Un chemin, appelé le chemin des Forges, avait toujours été regardé par les possesseurs du château comme leur propriété. Or, voici qu'en 1898, le Conseil municipal ne jugea pas ainsi et cita la châtelaine devant le juge de paix du canton, à l'effet de se voir condamner à se désister de ses prétentions.

Dans un jugement savamment motivé, M. le juge de paix débouta la commune de ses prétentions.

La municipalité, se voyant frustrée de ses espérances, en appela alors au Conseil de préfecture, qui, lui, jugea en sa faveur. Un procès est pendant. M. le comte Antoine de Gontaut, membre du Conseil municipal, ne voulant pas prendre part à une action où sa mère était en cause, avait préalablement donné sa démission.

Abbé CHAPRON,
Curé de Courtalain.

§ III

RELIGION

Quelle fut la religion des premiers habitants de Courtalain et celle de leurs descendants à l'époque gallo-romaine ? rien ne l'indique, mais tout porte à croire qu'elle fut celle de leurs voisins et contemporains. Le Druidisme paraît même y avoir établi des sanctuaires.

A quelle époque l'Évangile y fut-il prêché ? Nul ne le sait ; cependant, nous pensons que ce fut au plus tard au Ve siècle, alors que saint Aventin, évêque de Chartres, s'étant démis de son siège en faveur de saint Solenne, son frère, venait se fixer à Châteaudun, et que saint Éman, l'infatigable apôtre du Perche, rayonnait dans toute la contrée, en compagnie de ses disciples Peregrinus, Maurilius et Almarus.

Dans cette hypothèse, le patron de la paroisse de Saint-Pellerin ne serait pas l'évêque d'Auxerre de ce nom, mais le compagnon de saint Éman que nous venons de citer ; et cela paraît d'autant plus vraisemblable, que d'autres paroisses voisines ont également choisi ce même patron.

Le savant abbé Bordas, dans son *Histoire du Dunois,* a prétendu, mais sans preuve, que Courtalain ne fut élevé au rang de paroisse que dans la seconde moitié du XVe siècle, et grâce à l'intervention de Guillaume d'Avaugour, l'un de ses seigneurs ; et il ajoute que, jusqu'alors, Courtalain n'avait possédé qu'une simple chapelle, dépendante de Saint-Pellerin. Nous croyons, quant à nous, que l'honorable historien fait erreur. En effet, le patron fondateur des deux églises ne fut jamais le même ; au moyen-âge, Saint-Pellerin relève de Marmoutier, et Courtalain de la Madeleine de Châteaudun. Plus tard, la nomination à la cure appartient pour la première paroisse à l'évêque de Chartres et pour la seconde au seigneur du lieu. En outre, une charte de l'année 1208 porte comme signataire : *Odo, presbyter Curiæ Alani.* Enfin, ce qui paraît de nature à terminer toute controverse, le pouillé du diocèse de Chartres, publié au XIIIe siècle, donne positivement à Courtalain le titre de paroisse.

La localité ne renfermait, il est vrai, nous l'avons dit ailleurs, qu'un nombre d'habitants assez restreint ; mais, nous avons été à même de le constater à diverses reprises, le diocèse de Chartres comptait alors un certain nombre de paroisses qui n'étaient pas plus peuplées.

Plusieurs documents relatifs à l'histoire religieuse de Courtalain, pendant la période du moyen-âge, ont été cités déjà par M. l'abbé Desvaux dans sa notice sur les Borel ; nous devrons donc nous borner à ceux qui ont échappé à sa perspicacité.

En 1191, Odon Borel, Éremburge, son épouse, et Aalis, leur fille, confirment la donation du moulin du Perruchay que leur mère avait faite à l'abbaye de Saint-Avit.

En 1250, Jean, seigneur de Montigny, atteste que la veuve d'Odon Borel, de Courtalain, nommée Isabelle, a donné à Saint-Avit le lieu et fief de Veille, en la paroisse de Langey, et il approuve cette donation en sa qualité de seigneur suzerain.

En 1260, Eudes Borel ou Boureau, seigneur de Courtalain, se voit condamner par le chapitre de Marmoutier, pour avoir incarcéré un homme pris en la censive des moines de Saint-Hilaire, à suivre, un jour de dimanche, la procession du monastère, *nudus in camisiâ, virgas in manibus deferendo, ibidem disciplinam a priore humiliter recepturus.*

Nous avons été heureux de consigner ici ce fait, parce qu'il nous a paru de nature à montrer le rôle bienfaisant des moines au moyen-âge, et le contrepoids qu'ils offraient à la tyrannie des plus puissants seigneurs.

En 1426, messire Florent d'Illiers assigne une pension de huit livres tournois à Loyse d'Illiers, sa sœur, reçue religieuse à l'abbaye de Saint-Avit.

En 1448, il y a procédure par le prieur de Nottonville contre les seigneurs de Courtalain, pour les dîmes, avenages et autres droits seigneuriaux de la paroisse de Saint-Pellerin.

Enfin, en 1479, messire Louis d'Illiers, abbé de Bonneval,

charge Jean Aubert, son intendant, de régler la dépense faite dans cette ville à l'occasion du dîner de N. de Courtalain et du fils de M. de Rambouillet. Le menu de ce dîner comprenait 12 poules, estimées 8 sous, 1 oison estimé 2 sous et 1 denier, et, en plus, un plat de cerises estimé 5 deniers. Ce trait est le dernier que nous ayons à signaler comme supplément à l'intéressant travail de notre savant prédécesseur.

Nous entrons maintenant dans notre domaine. En 1493, il y a conflit entre Martin Fresneau, curé de Courtalain, et Jean Landier, curé de Saint-Pellerin, pour la délimitation de leurs paroisses respectives. L'affaire se termina à l'amiable.

M. Martin Fresneau vécut jusqu'en 1497. Son successeur fut Bertrand Poisfille, dont nous ne connaissons que le nom.

Vinrent ensuite Guillaume Noyer et René Brulé. C'est, croyons-nous, pendant que ce dernier était curé de Courtalain, que décéda noble et puissante dame Perrette de Baïf, épouse de noble homme Guillaume d'Avaugour, seigneur du lieu.

Deux monuments précieux, de nos jours encore, la rappellent à la postérité : sa pierre tombale et une copie de son testament sur pierre de liais, l'une et l'autre très bien conservées.

La pierre tombale se voit à l'intérieur de l'église, près de la porte qui conduit au clocher ; elle est enclavée dans la muraille, à deux mètres environ de hauteur.

La noble dame y est représentée en relief, de taille naturelle, avec le costume de l'époque. La tête est posée sur un coussin ; les mains sont jointes, un chapelet pend à la ceinture, les plis de la robe couvrent à peu près entièrement les pieds, qui reposent sur un lion, aujourd'hui sans tête. A droite, attenant au cou du lion, un cartouche figure les armes de la famille de Baïf : deux léopards superposés l'un à l'autre ; ce cartouche est un peu fruste. La pierre mesure 1 mètre 80 centimètres de long, sur 1 mètre de large. Elle porte en son pourtour, en lettres gothiques, l'inscription suivante :

CY GIST LE CORPS DE NOBLE PERSONNE, DAMOISELLE PERETTE DE BAÏF, EN SON VIVANT, FEMME DE HAUT ET PUISSANT GUILLAUME D'AVAUGOUR (ESCUYER), SEIGNEUR DE COURTALAIN, BOIS-RUFFIN, LAURESSE, CHAMBELLAN DU ROI LOUIS XII, LAQUELLE TRÉPASSA LE Ve JOUR D'OCTOBRE MIL CINQ CENS XX TROIS. PRIEZ POUR ELLE.

La seconde pierre, celle qui contient la copie du testament, est restée à l'extérieur ; on l'a enclavée dans un coin de la muraille de l'abside. On y lit :

« Noble damoiselle Perette de Baïf, de laquelle le corps cy gist, a donné au curé de Courtallain et à ses successeurs curés, sept livres, qũente boësseaux de blé et dix chapons de cens et rente annuels et perpétuels, assignés sur les fiefs et p̃ries à elle appartenant, situés en la paroisse d'Aubigny, près le Lude, pour dire et célébrer à note, par chacun an au jour de son obit, messe des trépassés et le jour prẽdant au soir, vigiles avec la prière accoutumée en tel cas. Item, par chacun vendredi des quatre temps, messe de requiem. Le jeudi prẽdant, vigiles ; le tout à note avec prières. Item sera tenu le dict curé et ses successeurs curés, faire p̃ chacun an la prière pour la d... Damoiselle et ses amys trépassés au retour de la croix boissée, le jour de Pasques fleuries. Item a donné à la fabrique du dict Courtalain vingt sols de rente annuelle et perpétuelle à prendre sur le dict legs et livrés à la d.. fabrique par le dict curé ou ses successeurs, p^r l'advertir de annoncer à son prône les d.. prières à être faites comme dessus d. avec les conditions contenues au testament de la d. damoiselle. »

Le premier curé de Courtalain qui eut à remplir les clauses du testament fut donc maître René Brulé. Il eut pour successeur Jean d'Arrou ; celui-ci, par son testament en date de l'année 1545, lègue à François d'Avaugour, fils de Jacques et petit-fils de Guillaume, son fief de la Jourdannerie, situé, dit l'acte de donation, à très peu de distance du château, et tout près des remparts. La famille d'Arrou, ou Arroust, n'en a pas moins continué d'habiter Courtalain jusqu'au commencement du siècle présent.

Jean d'Arrou eut pour successeur Pierre Guiller. En 1567, celui-ci eut à soutenir, au nom de la fabrique, un procès en instance contre les détenteurs de la métairie des Jubaudières, sise en la paroisse du Gault-Saint-Étienne. En 1570, il passa bail au nom de la cure de la métairie de la Jubaudière, en la paroisse de Saint-Pellerin.

Son testament est de l'année 1576. Il mourut en 1583 et eut pour successeur M. Bernard Broissin. Celui-ci ne nous est connu que par un bail de terres appartenant à la cure ; du reste, son séjour à Courtalain fut très court. En effet, cette même année

1583, son testament donnait lieu à un procès entre ses héritiers et la fabrique.

A M. Bernard Broissin succéda M. Hilaire Hunnelier.

Plusieurs faits remarquables signalèrent l'administration de ce dernier curé. C'est d'abord, en 1587, l'inventaire général de tous les meubles et objets mobiliers appartenant à la fabrique. C'est ensuite, en 1592, l'exécution de travaux considérables à l'église paroissiale. Deux pierres portant cette date en font foi. La première, encastrée dans la muraille, à gauche de la porte d'entrée du presbytère, porte cette inscription : « Florent Marescot, Marin Tillier, gagiers en la présente année 1592 ». La seconde, retrouvée en 1858, est placée dans l'église même, près du clocher ; elle porte : « Me Nicolas Vannier, Mtre masson, conducteur de cest ouvrages. 1592 ».

Quelques années plus tard, en 1599, on inaugurait à Courtalain la rédaction officielle des actes et registres paroissiaux. Les premiers registres, toutefois, sont incomplets et ne mentionnent que les baptêmes : les actes de mariages et d'inhumation ne datent que de 1609.

Un document également très remarquable, c'est l'inventaire des objets mobiliers trouvés au château de Courtalain après la mort de Pierre I de Montmorency. Cet inventaire, dont l'original se trouve aux archives d'Eure-et-Loir, signale, entre autres objets religieux, les siuvants :

1° Sept pièces de tapisseries des ystoires de sainte Suzanne.

2° Une croix d'argent doré qui a une relique de saint Félix.

3° Ung bras d'argent auquel y a ung relicquaire de Mr saint Jehan.

4° Une croix de bois de Hiérusalem avec petites relicques.

5° Ung petit ymaige de saint Jacques, enchassée d'argent.

6° Une petite relicque de la vraye croix de Notre Seigneur, enchassée dedans de l'argent doré.

7° Ung petit ymaige de Notre Dame, avec plusieurs autres petits ymaiges.

8° Ung paire d'heures dorées.

9° Ung autre paire d'heures accomodées d'argent, dessus la couverture

10° Ung autre petite paire d'heures blue.

Le curé d'alors, nous l'avons dit plus haut, se nommait Hilaire Hunelier : il vécut jusqu'en 1627 ; l'année suivante, il avait pour successeur M. Martin Liger, originaire de Château-Fortin en Champagne.

Deux terribles épidémies attristèrent le ministère de maître Liger : la première en 1631 ; la seconde en 1639. La première fit 46 victimes et la seconde 43.

Me Martin Liger mourut en 1640 et eut pour successeur M. Alexandre Lemaire.

C'est pendant l'administration de Mtre Lemaire que la paroisse de Courtalain commença à être dotée de vicaires ; la suite se prolongea jusqu'en 1790. Ceux-ci cumulaient généralement cette fonction avec celle de chapelains du château.

Plusieurs donations importantes datent également de cette époque.

La première est de 1645. Messire François Loger, seigneur des Touchardières, conseiller du roi, substitut du procureur général au Parlement de Paris, lègue 100 livres de rente annuelle et perpétuelle, à savoir : 80 livres au curé de Courtalain et 20 livres à la fabrique, pour trois messes par semaine à célébrer à son intention. Cette rente fut remboursée en 1687. Un tableau en marbre noir, placé dans l'église, au-dessus de la tombe du défunt, était chargé, jadis, de rappeler cette donation.

La seconde est de 1647. Messire René Oudineau, marchand à Courtalain, lègue à la commune dudit lieu, pour servir de logement au vicaire, une maison et deux jardins.

La troisième est de l'année suivante, 1648 ; c'est un legs fait à la fabrique et aux pauvres par messire François de Montmorency.

En 1649, M. l'archidiacre du Dunois, maître Blaise le Féron, visite Courtalain. Il note dans son procès-verbal que le vicaire fréquente les tavernes.

L'année suivante, une terrible épidémie renouvelle les deuils de l'année 1639 ; 55 victimes y trouvent la mort ; le curé, M. Alexandre Lemaire, fut du nombre. Il n'avait que cinquante ans.

Son successeur fut M. René Pinson.

Deux legs importants ont signalé l'administration de ce curé. En 1652, messire Charles Moussu, seigneur d'Andillou, lègue à la fabrique 40 livres pour servir à l'entretien d'un vicaire, et, en 1656, maître Dupont, ancien vicaire, lègue à la même fabrique 60 livres pour messes à son intention.

Maître Pinson mourut en 1658. Son testament contient, entre autres dispositions, les suivantes :

« J'ordonne que mon corps soit ensevely et couvert des plus beaux et riches draps qui se trouveront dans mes coffres, et mis dans ung cercueil de boys, qui sera aussi couvert, et que sur ma fosse il soit mis et posé un chassis de boys et sur celui-cy fait une croix de satin blanc ».

Le successeur de Me Pinson fut René Duval.

En 1665, messire François de Montmorency, substitué, paraît-il, aux anciens fondateurs et patrons de l'église de Courtalain, autorise François de Racine, seigneur de Bois-Bénard, et Claude de Chabot, sieur du Faye, à faire placer un banc dans l'église, devant l'autel où est l'image de sainte Anne, au-dessous de la chaire du prédicateur.

Notons, en passant, que l'église de Courtalain était, à cette époque, très riche en autels. En effet, en dehors de l'autel principal et de l'autel de sainte Anne dont nous venons de parler, elle possédait encore l'autel de la Sainte-Vierge, celui de saint Roch et celui de saint Fiacre. Ce qui, vu l'exiguité de l'édifice, devait y occuper une place considérable.

En 1670, Me Jacques Lormeau, curé de Notre-Dame de Nogent-le-Rotrou, autorise d'inhumer, dans l'enclos des religieuses Ursulines de la même ville, le corps de damoiselle Marie de Montmorency, fille de Pierre et de Charlotte Duval, pensionnaire à la maison desdites religieuses. Elle était veuve, nous l'avons vu ailleurs, de haut et puissant seigneur messire Gui Harbalète, et elle fut ensuite inhumée à Saint-Eustache de Paris.

En 1671, Courtalain compte 250 communiants.

En 1676, messire Ambroise Meusnier, sieur de la Galtière (Le Poislay), bailli de Courtalain, fonde pour tous les jeudis de l'année une messe du Très-Saint-Sacrement, dans l'église paroissiale.

L'année suivante eut lieu la bénédiction d'une cloche ; c'est là un fait fréquemment signalé dans nos annales, aussi nous serions-nous abstenu de le signaler, vu son peu d'importance, s'il n'avait donné lieu à une savante controverse, relativement au patron titulaire de la paroisse. Les uns, en effet, veulent que ce soit saint Jean-Baptiste et les autres saint Jean l'Évangéliste. De nos jours saint Jean-Baptiste semble avoir prévalu.

En 1678, eut lieu l'inhumation d'un huguenot nommé Jean Petit. C'est le seul fait de ce genre qui soit parvenu à notre connaissance.

En 1687, dame Marie-Anne Cheminais, femme de Jean-Baptiste Renouard, siéur des Hauts-Muids, lègue aux curés de Courtalain et de Saint-Pellerin un lot de terre situé près le moulin de la Varenne (Courtalain).

En 1700, nous avons à signaler un inventaire très complet du mobilier de la fabrique. Nous y trouvons signalés, entre autres objets, deux petits reliquaires, à savoir : un bras d'argent sur lequel se trouvent les armes des d'Avaugour et des de la Baume (d'hermine sur tout d'argent, au chef de gueules), et une croix de vermeil doré, enrichie de quinze pierres rouges, à la patte de laquelle croix est écrit : *Saint Phallier*. Tout porte à croire que le premier reliquaire est celui que signale l'inventaire du château fait en l'année 1593, et dont la précieuse relique; sauvée de la profanation pendant les troubles de la Révolution, fut rendue à l'église de Courtalain en 1854. La relique qui a disparu n'est donc point celle de saint Jean, mais bien celle de saint Phallier.

L'année 1703 nous révèle un fait assez singulier ; c'est un procès intenté aux gagers par le syndic de la fabrique, pour actes passés sans son autorisation.

Trois ans plus tard, Me Duval, démissionnaire depuis 1701, mourait à l'âge de 90 ans. Par son testament, en date de 1705, il avait demandé à être enterré dans le cimetière paroissial, « au pied de la croix boessée, vestu d'une chemise, un cannesson et une paire de chaussettes blanches, par dessus lesquels on lui mettra sa soutanne, et sur icelle son roquet ».

M. Duval eut pour successeur M. Jean-Pierre Perel ou Perrer, dont le séjour à Courtalain fut de courte durée et qui fut remplacé par M. François Herpin.

M. Herpin resta à Courtalain jusqu'en 1731, époque de sa mort. Il eut pour successeur Michel Coqueret.

C'est sous l'administration de M. Coqueret, en 1734, que furent célébrées les splendides cérémonies dont parlent à la fois les annales de Courtalain et d'Arrou. Nous y lisons :

« Le 18 octobre de cette année, Mgr Charles-François des Moutiers de Merinville, évêque de Chartres, faisait l'ouverture, dans la grande salle du château de Courtalain, d'une boîte envoyée par Mgr l'archevêque de Sienne, évêque de Porphyre, à Pierre Girard, valet de chambre de Mr de Fiennes, contenant des reliques de saint Théodore et de saint Donat, martyrs, donnés par le dit Girard à l'église Saint-Lubin d'Arrou.

« Ces saintes reliques, déposées en deux châsses scellées et authentiquées, furent solennellement transférées à Arrou le 20 octobre suivant. »

On les voit encore de nos jours, dans l'église du dit lieu, dans de belles châsses nouvellement restaurées.

Quelques années plus tard, M. Coqueret quittait Courtalain et se retirait au Poislay (Loir-et-Cher). C'était, paraît-il, en 1739, et la même année on lui donnait pour successeur Me Louis-André Barré.

A cette époque, les registres de l'église étaient fort mal tenus ; pour y remédier, Mgr l'évêque de Chartres délégua un prêtre originaire de Courtalain, nommé Damien Aubert, bachelier en théologie et doyen de l'église collégiale de Saint-André de Châteaudun. Son travail dura dix jours.

L'administration de M. Barré fut des plus stériles ; il mourut en 1768, à l'âge de 65 ans.

Son successeur fut M. Jacques Ferréol, docteur en Sorbonne. C'est pendant que M. Ferréol était curé de Courtalain, dans le courant de l'année 1777, que le cimetière, conservé jusqu'alors près de l'église, fut transféré rue de Châteaudun. Ce nouveau cimetière a été lui-même supprimé en 1849 et remplacé par celui que l'on rencontre aujourd'hui sur la route de Cloyes. Il avait donc servi à la sépulture des fidèles pendant 78 ans. 1082 personnes y avaient reposé.

M. Ferréol mourut en 1783, il avait 55 ans. Après quelques mois de vacance, on lui donna pour successeur M. Jean-François Dardenne.

M. Dardenne fut deux ans à peine curé de Courtalain, et démissionna pour faire place à M. Jacques d'Aupley de Boisfleuri. Celui-ci resta à Courtalain jusqu'à la fermeture de l'église paroissiale, c'est-à-dire jusqu'au 27 pluviôse an II de la République, prêta tous les serments exigés par les lois constitutionnelles, et tint les registres de l'état-civil jusqu'au mois de décembre 1792. On dit qu'après avoir quitté Courtalain, il se retira dans sa famille, au village de la Bichetière, paroisse du Gault-Saint-Étienne, sans toutefois perdre entièrement de vue ses amis d'antan. Il ne fut pourtant pas maintenu à Courtalain après l'organisation ecclésiastique autorisée par le Concordat ; on le nomma à la cure de Saint-Jean-Froidmentel, au diocèse de Blois. C'est là qu'il mourut.

Son successeur fut M. Léon Provendier ; originaire de Courtalain, M. Provendier avait passé une partie de la Révolution dans le sein de sa famille, tantôt exerçant les fonctions de son ministère, tantôt s'abstenant, selon les circonstances.

Notons, en passant, que la municipalité se montra constamment irréligieuse, et qu'au mois de décembre 1798, loin de prêter son concours à M. Provendier, son compatriote, elle procédait à la vente des derniers débris du mobilier de l'église.

Au moment de la Révolution, la paroisse de Courtalain faisait partie de l'archidiaconé du Dunois. Le seigneur présentait à la cure. Elle comptait 200 communiants ; ses revenus étaient de 550 livres, fournies par la famille de Montmorency en échange de 52 arpents de terre labourable et 2 arpents de pré qui lui avaient été précédemment légués.

Quant aux revenus de la fabrique, ils formaient, en moyenne, un total de 267 livres 10 sous, ainsi répartis : 170 livres 15 sols de revenus en biens-fonds ; et le reste en casuels divers, comme quêtes, ventes de toisons d'agneaux, d'œufs, de gerbes, etc.

La paix était à peine rendue à l'Église de France par le Concordat, que M. Provendier s'installait à Courtalain en qualité de curé ; son titre, toutefois, ne fut régularisé que l'année suivante, 1803.

En 1812, un incendie causé par la foudre détruisit de fond en comble l'église de Saint-Pellerin. De ce fait, l'exercice du culte y devint impossible ; le curé se retira et la paroisse fut provisoirement réunie à Courtalain. Cette réunion ne finit qu'en 1822, où l'église put être rebâtie grâce au zèle des habitants et à la générosité de M. le duc de Montmorency.

Cette même année, Mgr de Latil, nouvellement promu au siège de Chartres, venait donner la confirmation à Courtalain.

L'année 1825 fut signalée à Courtalain, comme ailleurs, par les fêtes jubilaires. M. le duc de Montmorency se rendit à Rome et en rapporta l'une des briques qui, lors du jubilé de 1775, le dernier célébré, puisque celui de 1800 ne put l'être en raison des évènements, avait servi à murer la porte sainte. Cette brique a toujours été, depuis lors, conservée dans notre église paroissiale ; on peut la voir dans l'enceinte de la tribune réservée à la famille de Montmorency.

C'est en ce même pèlerinage que le vénéré duc obtint du Souverain Pontife Léon XII une relique de sainte Anne avec une indulgence plénière pour le jour de la fête ou l'un des jours de l'octave, aux conditions ordinaires. Il obtint également une semblable indulgence pour un salut solennel, avec procession à célébrer le jour de Pâques.

M. Provendier, l'heureux témoin de tous ces faits, de tous ces privilèges, vécut jusqu'en 1831. Mais, depuis quelque temps déjà, le mauvais état de sa santé l'avait contraint de réclamer le secours d'un prêtre auxiliaire ; ce fut M. Pierre Grenet, alors vicaire d'Arrou, qui lui succéda.

En 1834, Mgr Clausel de Montals, alors évêque de Chartres, vint donner la confirmation à Courtalain ; il y revint encore en 1843, et constata avec joie les travaux considérables qui avaient en quelque sorte transformé l'église dans l'intervalle.

Les travaux furent continués en 1846 et firent découvrir, à l'entrée du chœur actuel, les fondements d'une épaisse et solide muraille ; c'était là, croit-on, que finissait primitivement l'église.

En 1844, M. Grenet dut, à son grand regret, quitter Courtalain pour une autre destination. Il fut immédiatement remplacé par M. Louis-Justin Marquet, curé de Boissy-le-Sec.

En 1846, la commune de Courtalain s'était vu adjoindre un certain nombre d'habitants, dépendants de Saint-Pellerin ; l'année suivante, Mgr l'évêque de Chartres statuait, en conformité avec les règlements diocésains, que la délimitation paroissiale serait conforme à la délimitation communale.

En 1848, il y eut à Courtalain, comme partout en France, plantation et bénédiction d'un arbre, appelé de Liberté. La cérémonie eut lieu le 2 avril, au milieu d'un immense concours d'habitants, précédés par le maire et son conseil, et assistés de la garde nationale.

Les années suivantes furent témoins d'autres cérémonies moins solennelles, mais plus touchantes. Ce fut d'abord la bénédiction du nouveau cimetière, puis celle du calvaire que l'on rencontre près du bourg, sur la route d'Arrou ; puis la bénédiction d'un chemin de croix et de deux cloches ; et enfin, le 16 octobre 1853, celle de la nouvelle école destinée aux Sœurs institutrices de la communauté de Saint-Paul, et dont nous avons parlé ailleurs.

Quatre ans plus tard, M. le duc de Montmorency terminait son œuvre, relativement à l'église, par la construction du clocher actuel et de ses dépendances. Le Conseil de fabrique, reconnaissant, d'accord avec le Conseil municipal, lui octroyait alors par acte notarié la jouissance, pour lui et sa famille, de la double tribune qui se trouve au-dessous.

En 1858 mourait, pleine de bonnes œuvres, très noble dame Euphémie-Théodora de Harchies, duchesse de Montmorency.

M. le duc, valétudinaire depuis quelques années, succombait lui-même en 1862. Par un nouveau bienfait il venait d'acquérir, pour le donner à la commune, et à l'usage du presbytère et de l'église, le terrain où l'on a construit la nouvelle sacristie, et celui qui l'environne.

Une jolie petite chapelle avait été annexée à l'école Montmorency, lors de sa construction. En 1865, Mgr l'évêque de Chartres consentit à la déclarer chapelle publique.

Nous arrivons ainsi à l'année 1876, où M. Marquet échangea la cure de Courtalain pour une stalle de chanoine, de la cathédrale de Chartres, digne récompense de son zèle et de ses éminentes vertus sacerdotales. Depuis quelques années déjà, il était chanoine honoraire. M. Marquet mourut à Chartres, le 23 avril 1878, à l'âge de 72 ans.

Son successeur désigné, M. Louis-Henri Lemarié, vicaire de Notre-Dame de Chartres, ne prit pas possession, en raison de certaines difficultés administratives, et fut installé à Saint-Jean de Châteaudun.

Vint alors M. Virgile-Hippolyte Desvaux, professeur de rhétorique au Petit-Séminaire de Saint-Cheron ; sujet éminent, M. Desvaux resta six ans à peine à Courtalain, devint curé de Senonches et puis de la Madeleine de Châteaudun ; il occupait ce dernier poste, quand il mourut, le 4 février 1894, à l'âge de 51 ans. M. Desvaux fut quelque temps, nul ne l'ignore, secrétaire de notre Société Dunoise.

Son successeur fut M. Louis-Joseph Gouache, curé d'Épernon.

Forcé par sa santé de quitter cette importante paroisse, M. Gouache ne fit que végéter à Courtalain. Après quelques mois seulement de résidence, il y mourait à l'âge de 40 ans.

M. Gouache fut remplacé par M. Eugène-Édouard Robé, ancien vicaire des paroisses de Saint-Pierre et de Notre-Dame de Chartres, puis aumônier de l'école normale primaire départementale. M. Robé resta à Courtalain jusqu'en 1891, où il fut nommé curé de La Loupe.

M. Robé continua avec autant de zèle que de compétence les travaux inaugurés à l'église par ses prédécesseurs ; on lui doit en particulier le lambris et les bancs. L'autel, les vitraux, les boiseries, les peintures, sont de M. Marquet ; le pavage est de M. Desvaux.

La remarquable porte romane qui donne sur la place remonte à la même époque ; elle est due à la générosité de M. le marquis de Gontaut.

M. Robé fut remplacé à Courtalain par le rédacteur de cette notice. Depuis l'installation de ce dernier curé, l'église paroissiale s'est enrichie d'un magnifique autel en marbre, dit autel de sainte Anne, donné par M. le marquis de Gontaut-Biron Saint-Blancard, depuis décédé. Cet autel, construit en 1894, a été solennellement consacré, le 27 février 1898, par Mgr Mollien, évêque de Chartres, assisté de M. Legué, son vicaire général, de plusieurs prêtres et d'un grand concours de fidèles.

Le même jour, Mgr Mollien, sollicité par le curé cédant lui-même au désir du maire, voulut bien procéder personnellement à la bénédiction d'une partie de terrain qu'on venait d'adjoindre au cimetière, reconnu insuffisant. M. l'abbé Verret, supérieur du Petit-Séminaire de Nogent-le-Rotrou, debout au pied de la croix, adressa à la nombreuse assistance qui l'entourait une allocution de circonstance qui fut religieusement écoutée et très goûtée. La municipalité ne crut pas devoir prendre part à la cérémonie.

Depuis lors et en cette même année 1898, la majorité du Conseil de fabrique, ratifiant la vente faite, par le président du bureau, d'un fauteuil antique donné à l'église par la famille de Montmorency, a émis le dessein de consacrer le montant de la vente à la construction d'un calorifère, à l'instar des grandes localités.

Notons, en finissant, que les revenus des anciennes fondations ont complètement disparu au milieu des troubles révolutionnaires.

De nos jours, le chiffre des fondations s'élève à la somme de 246 francs, à la charge de 54 messes à acquitter chaque année. Quatre seulement sont à l'intention des défunts de la famille de Montmorency.

Par son testament olographe rédigé à Claremont (Angleterre), le 20 avril 1859, M. le duc Raoul de Montmorency léguait à sa paroisse la somme de 3.000 fr. pour messes à acquitter à son intention, à celle de la duchesse, son épouse, et de ses père et mère. Une contestation s'étant élevée à l'occasion du mot paroisse, employé par le testateur, les jurisconsultes conseillèrent de partager la somme léguée par moitié entre les fabriques de l'église de Sainte-Clotilde, qui était celle du testateur, pendant son séjour à Paris, et celle de Courtalain, où il avait sa résidence durant la saison de l'été.

---

§ IV

INSTRUCTION PUBLIQUE

Au moyen-âge et jusqu'au seuil de nos temps modernes, la population de Courtalain fut composée, à peu près exclusivement, des employés de la seigneurie : administrateurs civils, juges, avocats, baillis, notaires, huissiers, procureurs, médecins, apothicaires, commandants de place.

L'instruction n'aura donc pu manquer d'y atteindre un degré assez élevé.

Alors même, en effet, qu'aucun des honorables fonctionnaires que nous venons d'énumérer n'aurait cultivé d'une façon particulière la littérature ou les beaux-arts, tout porte à croire qu'ils auront dû posséder au moins une certaine teinture scientifique.

Il est donc profondément regrettable pour Courtalain que les statistiques n'aient pas joui, chez nos pères, de la faveur qui les entoure aujourd'hui. Nous y aurions recueilli, à n'en pas douter, de précieux renseignements.

A leur défaut, nous devrons descendre jusqu'à l'année 1599. En effet, ce fut en cette année seulement, nous l'avons déjà dit ailleurs, que l'édit de François Ier relatif à la rédaction des actes de l'état-civil sortit son exécution à Courtalain. Or, nous avons été heureux d'y rencontrer de nombreuses signatures, ce qui suppose une instruction étendue et avancée.

Les siècles suivants nous ont révélé les noms de plusieurs maîtres d'école en résidence dans la localité. Nous avons même rencontré, au dix-septième siècle, l'acte de décès d'un maître d'études latines. Il se nommait René Morin.

Maître Morin avait-il eu des prédécesseurs, eut-il des remplaçants ? Nous le croyons volontiers, car le concours d'un tel maître n'aura pu manquer d'être aussi utile qu'agréable aux employés divers de la seigneurie.

Quant aux autres maîtres, il est à croire qu'ils se sont succédé l'un à l'autre sans interruption.

Il y eut même des institutrices ; deux nous sont connues : Catherine Guerrier en 1726, et Jeanne Bourdin en 1746.

Une pièce déposée aux archives d'Eure-et-Loir parle de religieuses enseignantes ; nous n'avons rien trouvé dans nos annales qui confirme ce renseignement. Une ancienne religieuse nommée Madeleine-Renée Miel, originaire de Champrond-en-Gâtine, alors Champrond-Marat, habitait, il est vrai, Courtalain en 1795. Mais quel motif l'avait amenée dans la localité ? nous ne pouvons le dire ; nous savons seulement qu'après divers évènements, qui ne sont pas de ce récit, elle rejoignit, sitôt qu'elle le put, sa communauté.

Quant aux instituteurs, les relations qui les concernent sont elles-mêmes très incomplètes.

Cinq noms seulement ont échappé à l'oubli. Ce sont MM. Mathurin Girard en 1656, Jacques Noël en 1677, Thomas Poisson en 1745, Jean-François Rointru en 1746 et Urbain Fusit en 1767.

Ce dernier est-il celui que le décret du 24 germinal an II qualifie d'ancien directeur des petites écoles du dit lieu ? nous le croyons volontiers. Il aurait alors fourni une longue carrière pédagogique, car on le retrouve encore en l'an VII.

Il est alors remplacé par Julien-Gilles, son fils ; Julien-Gilles Fusit exerça jusqu'au 19 prairial an XI, époque de sa mort.

Son successeur fut Martin-Joseph Assau, qui démissionna en 1811 et fut remplacé par Louis-François-Marin Roger. Maître Roger resta en exercice jusqu'en 1833, et mourut à Chartres. Il cumula, dit-on, ses fonctions d'instituteur avec un commerce d'épicerie fort achalandé. La classe se tenait dans l'arrière-boutique.

C'est pendant que maître Roger exerçait ses honorables fonctions, en 1820, que Madame Euphémie-Théodora de Harchies, alors baronne de Montmorency, fonda, pour être dirigée par les Sœurs de Saint-Paul de Chartres, une école de jeunes filles, dans une des dépendances du château.

Marin Roger fut remplacé par Louis-Thomas Bellanger. Le séjour de maître Bellanger à Courtalain fut assez court. Dès le mois de juin 1835, il quittait la localité et allait se fixer à Oinville-sous-Auneau. Son successeur fut Louis-Désiré Poupry.

Le procès-verbal d'installation de M. Poupry nous a paru digne de remarque. Nous le consignons donc ici :

« Le 4 juillet 1835, MM. les conseillers municipaux se sont réunis sous la présidence de M. le Maire, en vertu d'une autorisation de M. le Préfet, en date du même jour.

« M. le duc de Montmorency annonce que M. Bellanger, instituteur, ayant obtenu sa démission, pour s'établir dans la commune d'Oinville, il est nécessaire de pourvoir au plus tôt à son remplacement.

« Le seul candidat qui s'est présenté, M. Poupry, d'Arrou, ayant été agréé par le comité communal, M. le Maire propose, après lecture de la délibération du dit comité, de recevoir provisoirement M. Poupry, qui a exercé comme professeur dans les universités de Paris et d'Orléans, et qui est possesseur d'un certificat de philosophie et de rhétorique délivré par le Supérieur du séminaire de Chartres, ainsi que d'un diplôme de capacité d'instituteur du 2e degré, qu'il a obtenu à Moulins.

« Le Conseil, après avoir demandé des renseignements sur la moralité et les connaissances que possède M. Poupry, exprime l'avis que le candidat soit reçu provisoirement comme instituteur du 2e degré ; à charge par lui de fournir tous les certificats exigés par la loi ; et à la condition qu'il se pourvoira plus tard du certificat de capacité du 1er degré et du titre de bachelier ès-lettres.

« Le Maire est prié de faire agréer le candidat par le comité d'arrondissement.

« Fait et délibéré, à la Mairie de Courtalain, les jour et an que dessus, à deux heures de relevée. »

On voit que ces Messieurs les conseillers n'agissaient pas à la légère et comprenaient l'importance du rôle qu'ils avaient à remplir. Cela se conçoit, du reste : la commune, largement aidée par M. le duc de Montmorency, venait d'acquérir et de meubler une maison d'école.

M. Poupry resta à Courtalain jusqu'au 7 novembre 1847.

Aucune pièce officielle ne parle de ses succès pédagogiques, on sait seulement qu'il eut un instant des pensionnaires.

En 1838, la rétribution scolaire était ainsi fixée : 1 fr., 1 fr. 50 et 2 fr., selon la division de l'élève. En 1847, l'instituteur compte 70 élèves en hiver, et 60 pour la saison d'été.

La rétribution scolaire s'élève à 850 fr., la commune ajoute à cette somme 390 fr. de supplément et alloue 110 fr. au secrétaire de mairie.

M. Poupry, nous venons de le dire, quitta Courtalain le 7 novembre 1847. Voici quelle fut la cause de son départ :

Il venait d'accepter la gérance d'une Compagnie d'assurances contre l'incendie. Le Conseil municipal pensa qu'une pareille fonction était incompatible avec l'exercice de l'enseignement et mit le titulaire en demeure d'opter entre la gérance et la direction de l'école communale. M. Poupry trouva mauvais un ultimatum aussi catégorique et se retira à Arrou, son pays natal.

M. Poupry eut pour successeur M. Augustin Leconte, originaire de Châteaudun, brillant élève de l'école normale de Chartres, muni du brevet de capacité de premier degré.

La municipalité avait à choisir entre six concurrents, tous sortis de l'école normale ; ce fut sur lui que se fixa le choix du Conseil.

M. Leconte était depuis deux ans seulement instituteur à Dampierre-sur-Avre.

La maison d'école était alors en fâcheux état ; on se hâta d'y faire les réparations les plus urgentes, avec la pensée d'acquérir plus tard une maison plus digne et plus confortable. L'occasion fut différée jusqu'en 1875. La municipalité fit alors l'acquisition du bel et vaste établissement où se trouvent réunis de nos jours la mairie, la justice de paix, la caisse d'épargne, la classe des garçons et le logement de l'instituteur.

M. Leconte ne devait pas jouir longtemps de ce dernier local. Le 1er avril 1883, il faisait valoir ses droits à la retraite, et quittait l'enseignement.

De nombreux succès avaient signalé sa carrière pédagogique. Ses supérieurs hiérarchiques eux-mêmes se sont plu à le constater publiquement par les diverses distinctions dont ils l'honorèrent. En effet, M. Leconte obtint successivement : en 1854, une mention honorable ; en 1861, une médaille de bronze ; en 1869, une médaille d'argent ; en 1875, enfin, le titre d'officier d'Académie.

Du reste, les élèves eux-mêmes ont plus d'une fois participé à la gloire du maître. En 1868, lors du concours régional qui se tint à Chartres, ils obtinrent, pour prix spécial de cahiers, une médaille d'argent second module.

Dans l'intervalle, d'autres faits intéressant l'enseignement populaire s'étaient passés à Courtalain.

Au mois de novembre 1854, les Sœurs quittaient l'établissement qu'elles avaient occupé depuis leur installation, pour entrer en possession du magnifique établissement que M. le duc de Montmorency venait de faire construire, pour servir à la fois d'hôpital et d'école, et dont nous avons parlé plus longuement ailleurs.

En 1866, un nouveau tarif, modifiant celui de 1838, fixait la rétribution scolaire à 1 fr. 50, 1 fr. 75 et 2 fr. 25, supprimait la gratuité complète et taxait les indigents à 1 fr. 25 par mois.

L'année suivante, le Conseil académique attachait un maître adjoint à l'école communale.

M. Leconte eut pour successeur M. Alexandre-Désiré Ticot, instituteur à Chapelle-Royale.

M. Ticot resta à Courtalain jusqu'en 1893. Il quitta alors l'enseignement pour aller occuper une recette buraliste à Nogent-le-Rotrou.

Son remplaçant fut l'instituteur actuel, M. François-Étienne-Victor Feuillu, venant de Châtillon. Par son zèle, sa fermeté et ses aptitudes pédagogiques, M. Feuillu termine dignement la liste des maîtres, qui, à Courtalain, ont su s'élever à la hauteur de leurs augustes fonctions et bien mériter de leurs concitoyens.

En cette même année 1893, la communauté de Saint-Paul, faisant droit aux demandes simultanées du Bureau de bienfaisance et de Madame la marquise de Gontaut, accordait, moyennant une modique augmentation d'honoraires, l'adjonction d'une troisième sœur de classe. Cette adjonction était nécessitée par la présence, à l'école, des jeunes filles des employés de la gare, qui sont heureuses de la fréquenter.

Nous devons avouer que l'administration académique fût moins généreuse que la communauté, et refusa le maître adjoint que réclamait le Conseil municipal ; elle y mettait pour condition préalable la construction d'une école laïque de filles.

Le Conseil, vu l'état des finances de la commune, ne crut pas pouvoir accepter le compromis ; et cette tentative nouvelle eut le sort de celles qui l'avaient déjà précédée à plusieurs reprises différentes.

Sous le rapport de l'enseignement primaire, Courtalain a donc toujours marché de pair avec les localités les plus favorisées ; souvent même il leur a été supérieur. Quant à l'enseignement secondaire, nous ne pouvons que répéter ce que nous avons dit en commençant, relativement aux lacunes de l'histoire.

En fait d'hommes distingués originaires de Courtalain, nous pouvons pourtant citer les suivants :

1° Maître François Bezault, né à Courtalain en 1706 et mort en 1754 ; curé de Saint-Mesmin, au diocèse d'Orléans. Prédicateur distingué, il dut à sa réputation d'éloquence d'être choisi pour faire le panégyrique du duc d'Orléans, fils du régent.

2° M. Charles-René Tenaisie, né audit lieu en 1734.

M. Tenaisie succéda d'abord à son père en sa charge de bailli des châtellenies de Courtalain, Bois-Ruffin, Le Mée, etc., puis embrassa chaudement les idées révolutionnaires, et fut nommé juge au tribunal de Châteaudun.

Bientôt après, il était appelé à la haute cour d'Orléans pour y exercer les fonctions d'accusateur public ; ce fut son malheur, car il fut lui-même décrété d'accusation en 1794, condamné à mort et exécuté.

Il était par sa femme, née Marie-Élisabeth Letellier, beau-frère du député Petion. Il est donc permis de croire que ce fut à la faveur de cet homme politique, plus peut-être qu'à ses talents personnels, qu'il dut l'avancement qui lui devint si funeste.

Nous aurions aimé à citer également ici Nicolas Barbereau, beau-frère du précédent comme époux de Marie-Jeanne-Henriette Tenaisie, à la fois littérateur, poète et philosophe ; mais il est né à Châteaudun.

Maître Barbereau exerça à Courtalain la fonction de procureur fiscal. Cette charge ayant été supprimée à la Révolution, il se retira en sa ville natale, où il mourut en 1820, à l'âge de 83 ans, après avoir sollicité vainement de l'administration une place de juge.

La Bibliothèque communale de la cité dunoise possède en manuscrit une partie de ses œuvres. Le tome huitième des procès-verbaux de la Société archéologique chartraine en cite, avec éloge, plusieurs extraits.

Quant à notre époque contemporaine, dans le désir de prouver que Courtalain ne dégénère pas, nous demandons à citer les noms suivants :

M. l'abbé Édouard Godet, né à Courtalain le 10 janvier 1834, géologue de mérite, prêtre des plus distingués, aujourd'hui archiprêtre curé de l'église cathédrale et paroissiale de Notre-Dame de Chartres.

M. l'abbé Joseph Bauger, né aussi à Courtalain le 21 août 1841. Savant professeur de sciences et mathématicien éminent, M. Bauger était fils d'un boulanger qui voulait lui laisser sa profession, il ne put donc que fort tard se livrer à l'étude ; mais un travail acharné et de remarquables aptitudes personnelles lui permirent, après trois ans de séjour au petit séminaire de Nogent-le-Rotrou, nouvellement fondé, de subir avec avantage les épreuves du double baccalauréat ès-lettres et ès-sciences.

M. le docteur Damalix, né également à Courtalain, le 24 février 1854, médecin en chef des hôpitaux de Charenton.

A cette première liste, qu'il nous soit permis de joindre d'autres noms, appelés eux aussi à une certaine notoriété.

En premier lieu, nous sommes heureux et fier de citer deux amateurs et collectionneurs d'antiquités, les jeunes fils du savant docteur Chauveau, décédé à Courtalain en 1886.

Mais, avant tout, nous devons une mention élogieuse à l'un des membres de notre Société Dunoise, le jeune Henri Lecomte, à la fois géologue, archéologue, numismate et chimiste. La collection qu'il a entreprise, nous osons l'affirmer, est destinée à devenir l'une des plus intéressantes et des plus complètes de la contrée.

A ces noms nous aurions pu ajouter sans doute ceux d'Antoine de Baïf, l'intime ami de Ronsard, et de Lazare son père, celui-ci frère et celui-là neveu de Perrette de Baïf, épouse de Guillaume d'Avaugour, le constructeur du château actuel de Courtalain, et promener leurs poétiques rêveries à travers les larges et ombreuses allées qui, alors comme aujourd'hui, aboutissaient au manoir seigneurial.

Mais nous avons craint de nous attribuer une gloire imméritée ; nous nous renfermons donc, pour cette fois encore, dans les données de l'implacable histoire.

§ V

ADMINISTRATION JUDICIAIRE

La châtellenie de Courtalain, vu son importance, n'a pu manquer de posséder les trois justices féodales : haute, moyenne et basse. Il ne nous est, pourtant, resté aucun procès-verbal relatif à ces assises du vieux temps.

La période juridique du moyen-âge nous est donc absolument inconnue.

Nous savons seulement qu'en 1387 le bailli de la seigneurie se nommait Jean Vaillant ; en 1550, Pierre Pousteau, licencié ès-lois ; puis, quelques années plus tard, Michel Pousteau, lui aussi licencié ès-lois.

En 1556, c'est également un licencié ès-lois, Jacques Bruneau, qui est lieutenant-général de la ville et châtellenie de Courtalain. Quant au procureur, il se nomme Jean de Thelis.

Nous ne pouvons dire si les causes soumises à la juridiction seigneuriale de Courtalain ont été nombreuses ; trop peu de documents nous sont parvenus pour pouvoir émettre une opinion prudente. Quelques cas seulement nous sont connus.

En 1581, Marin de Grand-Mont, seigneur de Lautrinière (Arrou), plaide en séparation contre Louise Davery, son épouse.

En 1652, il y a enquête juridique au sujet de l'assassinat de Jean Philippeau, boisselier à Courtalain, tué sur le chemin, en revenant de la foire de Villampuy.

En 1703, il y a lettres de réunion, au bailliage de Courtalain, des justices de Harville, Pré-Palteau, la Theuse et la Touche-Agnès.

En 1765, le tribunal entier est en émoi : il s'agit d'un charivari avec poêles et poêlons fait, à Courtalain même, à la porte de Mme de Bullioud.

Cette dame de Bullioud, née Marie-Marguerite-Françoise Lebrun, était veuve alors de messire A. de Bullioud, gouverneur des pages de Mgr le duc d'Orléans.

Quelques années plus tard, en 1778, nous la retrouvons représentant à Courtalain même, comme marraine d'une cloche, très-haute, très-illustre et très-puissante dame Françoise-Charlotte de Montmorency-Luxembourg, épouse de messire Anne-Léon de Montmorency. L'insulte dont nous parlions à l'instant ne lui avait donc pas fait perdre l'estime des nobles châtelains.

Mais si l'harmonie, alors comme aujourd'hui, était loin d'être parfaite entre les simples justiciables, à notre grand regret, nous devons avouer qu'il en était parfois de même entre les dignitaires des tribunaux. C'est ainsi que, pour nous borner à deux faits : en 1591 il y a conflit de juridiction entre le bailli de Courtalain et celui de Bois-Ruffin ; et en 1595, entre le même bailli de Courtalain et celui du Mée en Arrou, à propos d'un justiciable que l'un et l'autre voulaient juger en première instance.

Plus d'une fois du reste, il nous a été donné de voir les seigneurs châtelains eux-mêmes recourir aux gens de justice et réclamer la sanction des tribunaux. Citons-en quelques exemples :

En 1573, le moulin de la Bourguelière est saisi à la requête de Pierre I de Montmorency.

En 1577, dame Jacqueline d'Avaugour met opposition à la saisie féodale de la seigneurie de Courtalain par Charles de la Marche, comte de Malouvrier.

La même année, Hector-René du Plessis, seigneur du Mée, fait retrait lignager de la maison de la Gaudinière, près Courtalain.

En 1583, il y a renvoi devant le Parlement de Paris des procès où entre en cause M. Pierre de Montmorency.

En 1585, dame Jacqueline d'Avaugour renonce, par acte public, à la succession de Pierre de Montmorency, son époux, et déclare prendre à ses frais l'habillement de deuil de ses domestiques.

En 1593, il y a procès pour la succession de M. Charles de Montmorency, abbé de Resson et de Launay.

En 1597, dame Jacqueline d'Avaugour obtient la saisie féodale du vassal de la Bouquetière.

Le siècle suivant ne nous a laissé aucun acte de procédure relatif à la justice de Courtalain. Pour retrouver un fait nouveau, nous aurons à descendre jusqu'à l'année 1725. La chose, du reste, n'a pas grand intérêt. Il s'agit d'un procès intenté par M. Léon de Montmorency au curé d'Arrou pour avoir permis à dame Marie-Marguerite Lejeune de Vaupouteau, veuve de M. René du Plessis et dame du Mée, d'ouvrir une porte dans le chœur de son église paroissiale.

Cinq ans plus tard, en 1730, la cause à débattre n'était pas plus importante : c'était un procès de simple préséance dans la même église, à laquelle prétendaient avoir droit les mêmes seigneurs de Courtalain et du Mée.

En 1780, ce fut plus grave : Anne-Léon I de Montmorency et ses co-héritiers intentaient procès à dame Charlotte Boutin, vicomtesse de Montboissier, à l'occasion du partage de la succession Dumas. Nous parlerons ailleurs de cette succession.

Une remarque non moins importante nous a été suggérée par l'étude de nos vieux dossiers, c'est que les tribunaux, dans les temps anciens, ne tenaient pas toujours leurs assises au même lieu, mais se transportaient ici ou là, selon les exigences des temps ou des personnes.

Ainsi, en 1569 et en 1592, les assises de Bois-Ruffin sont transférées à Courtalain.

En 1581, les plaids de Courtalain se tiennent au lieu dit : l'Espine de Malconseil, près de Chapelle-Royale. Notons, en passant, que cette seigneurie de l'Espine ne resta pas toujours en la possession des seigneurs de Courtalain. En 1669, elle appartenait à Jacques Renouard, seigneur du Jarrier, qui l'avait acquise de René Lefèvre et de Louise Aubin, sa femme.

Quelquefois même, les audiences étaient remises à un temps indéterminé ; cela eut lieu particulièrement en 1574, au moment où les catholiques et les huguenots étaient en lutte dans ce pays.

Ici encore les documents nous font entièrement défaut en ce qui concerne le XVIIe siècle ; quant au XVIIIe, nous voyons, en 1710 et 1715, le parquet de la seigneurie de Courtalain tenir séance au grand chemin du Mans à Orléans, proche Beaulieu, en la paroisse de Lanneray, à une petite distance du château de la Touche-Hersant, actuellement propriété de Mme de la Marnière.

En 1720 et en 1732, l'audience se tient dans la grande rue du Gault-Saint-Étienne.

A la même époque, la châtellenie de Courtalain prétendait exercer la justice sur Saint-Avit-au-Perche. Pour entretenir ce droit, le seigneur de Courtalain envoyait, une fois chaque année, tenir les assises dans un champ dit Champ-du-Débat, situé le long de la voie romaine et non loin des ruines de Piciacus.

En 1790, la justice de Courtalain eut le sort de toutes les justices seigneuriales du royaume : elle disparut avec les emblêmes qui la symbolisaient.

Le dernier bailli fut ce même René Thenaisie dont nous avons raconté ailleurs la fortune prodigieuse et la mort tragique ; et le dernier procureur, un nommé Joseph-Antoine Coquan.

Pendant la période de la Révolution, la justice de paix fut transférée à Arrou, choisi pour chef-lieu de canton, grâce à certains procédés que nous n'avons pas à juger ici.

Quand Arrou eut perdu ses privilèges avec son titre, Courtalain, comme toutes les communes de son ressort, releva de la justice de paix de Cloyes et du tribunal de première instance de Châteaudun.

Depuis 1848, un privilège lui a été cependant concédé. M. le juge de paix du canton se rend chaque premier lundi du mois à la mairie, et tient audience pour la conciliation. En 1886, le Conseil municipal fit des démarches pour compléter cette utile mesure et vota pour cet effet 150 francs d'indemnité de déplacement au juge et 100 francs à son greffier ; toutefois, la municipalité fut déboutée alors, et ce fut en 1898, seulement, que le succès répondit à son attente : M. le juge de paix de Cloyes vient à Courtalain tous les quinze jours, et prononce sur toutes les affaires de sa compétence. 500 francs lui ont été alloués comme indemnité de déplacement, et plusieurs salles de la mairie, très convenablement aménagées, ont été mises à sa disposition et à celle de ses clients.

Avant de terminer cet article, nous aurions été heureux de transcrire ici, en forme d'appendice, la liste des vassaux soumis à la justice de l'antique seigneurie de Courtalain, et que M. le curé de Langey, toujours infatigable en ses recherches, a bien voulu nous communiquer. Cette liste est d'une authenticité incontestable, puisqu'elle fait partie de l'aveu du comté de Dunois pour 1586, et se trouve aux Archives Nationales, section Q[1] 495. Mais elle nous a paru trop considérable pour figurer dans ce travail, et surtout dénuée d'intérêt pour nos contemporains.

Nota. — M. Merlet (Lucien), dans une notice consacrée aux écrivains du département d'Eure-et-Loir, couronnée par la Société Orléanaise, donne à Mme de Bulliond et non *Bullioud,* dont il est parlé en tête de la page 59, un fils nommé Pierre, auteur d'un poème intitulé : *La Pétrissée,* qui fut capitaine de carabiniers et chevalier de Saint-Louis, et mourut à l'âge de 22 ans.

Pierre de Bulliond, d'après le même M. Merlet, naquit à Courtalain en 1742 ; si le fait est exact, nous aurions dû parler de lui à l'article de l'Instruction publique. Mais son nom ne figure pas sur les registres de la paroisse. Notre omission s'explique donc facilement ; il nous est, du reste, agréable de la réparer ici.

---

§ VI

GOUVERNEMENT ET FAITS MILITAIRES

Moins heureux que Montigny-le-Gannelon, son aîné, Courtalain n'a pu sauver de la destruction aucun vestige de son passé militaire. Aucune maison n'y porte, au moins extérieurement, une marque quelconque d'antiquité; ce n'est même qu'en consultant la tradition qu'on parvient à fixer l'emplacement des fossés et des murailles qui l'ont jadis protégé. Pendant la lamentable période de la guerre de Cent-Ans, ces précieuses défenses auront éprouvé sans doute le même sort que son château seigneurial, mais sans avoir, comme lui, l'avantage d'être reconstruites ou sérieusement réparées. Les incursions des Protestants et les guerres de la Ligue, dont nous avons dit un mot ailleurs, n'auront donc fait qu'en précipiter la ruine.

Il semble, toutefois, que ses nobles châtelains aient tenu à honneur de lui continuer encore quelque temps son organisation militaire. En effet, jusqu'en 1685, on y trouve des sergents d'armes, des lieutenants généraux et des capitaines. En 1539, c'est Robert Darde; en 1591, c'est Jacques Brossin; l'année suivante, c'est Jacques Bruneau; en 1688, c'est Louis Dufay; en 1675, nous l'avons dit ailleurs, un détachement de cavalerie y passe ses quartiers d'hiver. Enfin, en 1685, César de Lardières porte, ainsi que l'avait porté son père, du même nom que lui, le titre de capitaine du château.

En 1725, cette organisation militaire a complètement disparu, et César de Lardière, fils ou petit-fils du précédent, seigneur d'Andillou (Boisgasson), ne porte plus que le titre de capitaine au régiment de Montmorency.

Nous arrivons ainsi à l'époque de la Révolution. Alors, ce ne sont plus de pacifiques gouverneurs qui honorent de leur présence la petite cité. C'est la municipalité aux abois qui demande à la force publique protection et secours. C'est ainsi qu'en 1792, notamment, de graves désordres ayant signalé la foire de Sainte-Catherine, la municipalité, effrayée, demanda l'appui de la force publique, et 30 dragons vinrent de Châteaudun tenir garnison à Courtalain. Deux ans plus tard, en 1794, un projet de casernement dans l'enceinte et les dépendances du château fut reçu avec enthousiasme par la population entière. A son grand regret, on ne donna pas suite au projet.

Au début de la République, quelques citoyens s'enrôlèrent parmi les volontaires ; nous ignorons ce qu'il advint de chacun d'eux. Succombèrent-ils dans la lutte? Rentrèrent-ils dans leurs foyers? Nos annales n'en disent rien.

L'époque de l'Empire elle-même, si féconde en guerriers illustres, n'a point tiré Courtalain de son obscurité. On n'y connaît aucun officier.

Il en fut de même sous les régimes suivants, tant de la Restauration que du règne de Louis-Philippe.

Pour des motifs que nous ne connaissons pas, une brigade de gendarmerie fut installée au corps de garde, les jours de marché, pendant l'hiver de 1825.

Nous arrivons ainsi à l'année 1847.

Le défaut de récolte avait fait monter le prix des grains à un taux inabordable pour l'ouvrier, père de famille. Des troubles s'ensuivirent dans un bon nombre de localités. Courtalain, il est vrai, grâce à la générosité de M. de Montmorency, n'eut point à souffrir du renchérissement des vivres. Mais il n'en fut pas de même pour les communes voisines. Aussi, dans la crainte d'une révolte suivie de pillage, 80 soldats furent envoyés de Châteaudun, et restèrent en permanence dans la localité depuis le mois de mars jusqu'au mois de juillet.

Ce fut sans doute en souvenir des dangers qu'on avait courus alors, et pour en empêcher le retour, que M. le duc de Montmorency fit bâtir une caserne de gendarmerie ; une brigade s'y installa en 1851 et l'a toujours occupée depuis.

Le règne de Napoléon III fut un temps de paix et de prospérité pour Courtalain. L'année 1870, au contraire, lui fit subir toutes ses horreurs.

Le 18 octobre, Châteaudun brûlait encore, que de nombreux fugitifs accouraient s'y réfugier, en attendant qu'ils pussent se diriger vers Nogent-le-Rotrou.

Le 24 novembre, un détachement de l'armée prussienne poussait une reconnaissance jusque dans ses murs.

Le 26, 200 soldats prussiens arrivaient du côté du Poislay, menaçant de tout mettre à feu et à sang, si on ne leur remettait toutes les armes disponibles. Devant une pareille sommation, la population dut s'exécuter. Disons à sa louange qu'elle le fit à contre-cœur.

Le soir du même jour, après le départ des Prussiens, un détachement de soldats français arriva de Châteaudun, et, comme le temps était sombre, les derniers venus, entendant le cliquetis des armes, crurent à une surprise et se mirent à tirer sur leurs camarades; ceux-ci ripostèrent, plusieurs furent blessés; un fantassin même y trouva la mort.

Le lendemain, toute une division prussienne arrivait de Droué et du Poislay, s'installait dans les maisons, et, après trois jours de pillage, laissait 17 malades à l'ambulance établie dans les dépendances de l'école Montmorency.

Le 2 décembre, 15,000 Français arrivent à leur tour, se dirigeant sur Châteaudun, et laissent à la même ambulance une vingtaine de malades.

Et puis, le 4 décembre, ce sont des francs-tireurs qui traversent le bourg, au nombre de trois à quatre cents, se rendant à Châteaudun.

Le 15 et le 16, Courtalain regorge de Prussiens à la recherche des Français ; ne les ayant pas rencontrés, ils reprennent le chemin de Droué. Une surprise les attendait : on en vint aux mains, l'avantage resta aux soldats français. Les Prussiens perdirent de 20 à 30 hommes, il y eut en outre une douzaine de blessés qui furent amenés à l'ambulance de Courtalain.

Le 18, les quelques Prussiens qui se trouvaient à Courtalain depuis deux jours s'éloignèrent dès le matin; l'on commençait à respirer un peu quand, vers le midi, toute une division, infanterie, cavalerie, artillerie, vint s'installer dans les rues, sur les places et dans les maisons.

Ce fut un va-et-vient jusqu'au 30; ce jour-là, 300 hommes environ occupaient encore Courtalain, infanterie et cavalerie, avec deux pièces de canon.

Le lendemain, vers huit heures, ils se disposaient à partir, quand un détachement composé de tirailleurs et de mobiles appartenant au 59e régiment de marche, sachant que le Dunois était toujours infesté de Prussiens, part de Nogent-le-Rotrou en pleine nuit, arrive à la Bazoche-Gouet à une heure du matin, puis à Arrou vers quatre heures, espérant y rencontrer l'ennemi. Après une halte, nécessitée par la fatigue d'une aussi longue étape, ils se dirigent sur Courtalain et y arrivent vers huit heures. A la vue des Français, les Prussiens se mettent immédiatement en défense; mais bientôt, se jugeant les moins forts, ils détalent au plus vite, emportant leurs morts et abandonnant leurs blessés, au moins en partie, à la générosité des Français. Il en mourut onze ce même jour et le lendemain.

Quant aux Français, une pierre commémorative, enclavée dans la muraille de l'église, auprès de la porte latérale qui donne sur la place, nommée Place d'Armes, en souvenir des exercices militaires et des joûtes qui s'y tenaient au temps des seigneurs féodaux, est destinée à les glorifier devant la postérité. Cinq noms y sont inscrits en lettres d'or ; et, au bas, on lit : PATRIOTIQUE SOUVENIR DE LA COMMUNE DE COURTALAIN.

Nous ne connaissons ni engagés volontaires, ni francs-tireurs qui aient pris part à cette funeste guerre ; ceux qui y figurèrent le firent comme conscrits; aucun d'eux n'y fut blessé ou ne succomba par suite des fatigues éprouvées.

La famille de Gontaut seule paya à la patrie française un large tribut; cinq des fils de M. le marquis, ses deux gendres, figurèrent au nombre des combattants ; l'un d'eux fut blessé à Coulmiers. M. le marquis lui-même, pour sa courageuse attitude vis-à-vis de l'ennemi, fut un instant saisi comme otage, et menacé d'être emmené en Prusse. Parmi les civils, on compte pourtant une victime, un nommé Langevin ; rencontré seul et sans armes, le 17 décembre, près du moulin de Bouchereau, sur le territoire de Courtalain, par un détachement de Prussiens, il fut mis en joue par ces misérables, qui tirèrent sur lui comme exercice de cible. Blessé grièvement, il fut transporté à l'ambulance de l'école Montmorency et y mourut le lendemain.

---

§ VII

COMMERCE ET INDUSTRIE

Nous n'avons aucune donnée sur le mouvement commercial de Courtalain pendant toute la période du Moyen-Age.

Pour être renseigné, il nous faut descendre jusqu'au règne de François Ier jusqu'à l'année 1546. C'est, en effet, à cette date qu'ont été données les premières lettres patentes qui autorisent à Courtalain la création de quatre foires par an et d'un marché chaque semaine, le lundi.

Un décret subséquent, d'Henri III, apporta en 1577 quelques modifications à cette autorisation royale, et y ajouta le droit de tenir un second marché, chaque semaine, le vendredi.

Enfin, dans le courant de l'année 1658, à la prière de messire François de Montmorency, alors très bien en cour, Louis XIV donna lui-même de nouvelles lettres patentes sur le même objet. Ces lettres n'ajoutaient rien, il est vrai, aux concessions précédentes, mais elles changeaient l'époque de la tenue des quatre foires annuelles. Nous sommes heureux de pouvoir donner ici le texte de ce document :

« Louis, par la grâce de Dieu, roi de France et de Navarre, à tous présens et advenir, salut :

« Notre amé et féal chevalier, premier chrétien et premier baron de France, François de Montmorency, grand châtelain de Courtalain, seigneur d'Arrou, Bois-Ruffin et autres lieux, nous a fait remontrer que le dit bourg de Courtalain étant situé sur l'advenue d'un grand chemin, en pays fertile, commode au trafic et fréquenté par plusieurs marchands, lesquels passent, repassent et séjournent journellement et ordinairement par le dit lieu, pour la décoration et augmentation duquel et pour l'utilité et commodité publique, ledit exposant nous suppliait volontiers qu'il nous plaise créer et établir au dit lieu de Courtalain quatre foires par chacun an et sur ce lui octroyer nos lettres à ce convenables.

A ces causes, nous, désirant favorablement traiter le dit exposant, de l'avis de notre Conseil, avons, au dit lieu de Courtalain, créé, ordonné et établi et de notre grâce spéciale, pleine puissance et autorité royale, créons, ordonnons et établissons quatre foires par chacun an, pour y être dorénavant, perpétuellement et à toujours tenues et entretenues : La première d'icelles, le premier jour de mai ; la seconde, le vingt-neuvième jour d'août ; la troisième, le premier jour d'octobre, et la quatrième, le vingt-cinquième jour de novembre. Pour jouir par le dit suppliant et ses successeurs de tels et semblables privilèges et droits desquels l'on jouit ordinairement ès autres foires de notre royaume, voulons à cet effet que tous marchands puissent aller, venir, séjourner, vendre, acheter, troquer, échanger toute sorte de marchandises, bétail et denrées permises en notre royaume ; pourvu toutefois qu'à quatre lieues à la ronde n'y ait aux dits jours autres foires et sans que pour raison du dit établissement, l'on puisse prétendre aucun privilège, franchise et exemption, ni faire préjudice à nos droits ; à la charge que si aucune des dites foires se rencontrait aux jours de fête d'apôtres, elle serait remise au lendemain.

« Si donnons en mandement au bailly de Blois, ou son lieutenant et à tous nos officiers et justiciers qu'il appartiendra, que nos présentes lettres de création et établissement de foires ; ils fassent, souffrent et laissent jouir et user le dit suppliant et ses successeurs, ensemble les marchands fréquentant les dites foires, de tous les droits et privilèges d'icelles, conformément à l'usage qui se pratique à autres foires de notre royaume ; faisant à cet effet cesser tout trouble et empêchement et qu'icelles foires se fassent public et proclamer au dit lieu de Courtalain et lieux circonvoisins et partout où besoin sera, leur permettant de faire construire, bâtir et édifier pour tenir les dites foires, halles, bancs, étaux et autres choses convenables et nécessaires, car tel est notre plaisir et afin que ce soit chose ferme et stable à toujours, nous avons fait mettre notre scel à ces présentes, sauf entre autres choses notre droit et d'autrui en toutes choses.

« Donné à Paris, au mois de septembre de l'an de grâce mil six cent cinquante-huit et de notre règne le seizième.

« Par le Roi. *Signé* : PIERRE. »

Selon le vœu du présent décret, de belles halles avec salle de mairie et pavillon pour horloge avaient été construites par le demandeur sur la première place, à droite du passage qui conduit aux rues de Châteaudun et de Cloyes ; le tout fut donné à la commune par le dernier duc de Montmorency et vendu à démolir pour la somme de 1,500 francs, dans le courant de l'année 1866.

Le marché du vendredi a cessé d'exister depuis longtemps ; celui du lundi, après avoir souffert des troubles de la Révolution, était redevenu très prospère jusqu'à ces dernières années. L'établissement d'un marché semblable dans les localités voisines d'Arrou et de Droué en a, et pour longtemps sans doute, diminué l'importance.

Quant aux foires, deux n'existent plus que comme souvenir ; une troisième, celle du mois de mai, malgré les efforts de la municipalité, a peu d'importance ; celle du 25 novembre, connue sous le nom de *foire de Sainte-Catherine,* a conservé seule son ancien renom et attire un nombre considérable de vendeurs et d'acheteurs.

Si nous en croyons d'anciennes statistiques, la vie était facile à Courtalain avant la Révolution ; le cahier de doléances de l'année 1788 avoue qu'à cette époque il n'y avait pas dans la ville de malheureux proprement dits.

Tous les corps d'état y avaient leurs représentants : taillandiers, forgerons, menuisiers, charpentiers, maçons, couvreurs, sabotiers, cordonniers, bourreliers, mégissiers, sergiers, marchands d'étoffes, fabricants de drap, tisserands, boisseliers, tourneurs, vanniers, y tenaient boutique, y avaient leur échoppe. On y comptait aussi des moulins à tan et à farine.

On cite également, comme exerçant leur commerce et leur industrie dans la localité, trois tailleurs, trois boulangers, deux bouchers, six cabaretiers détaillants, six épiciers, sept aubergistes logeant des voyageurs, et trois cordiers, dont l'un avait privilège de franchise sur le marché, à la condition de fournir, au cas où il en serait besoin, la corde au bourreau, exécuteur des hautes-œuvres.

A tous ces corps d'état on dut ajouter, au moins pendant quelques années, dans le cours du XVIIe siècle, un fondeur de cloches : il se nommait Simon André ; en 1662, il fondit sur la terrasse même du château de Courtalain plusieurs cloches qui établirent au loin sa réputation. L'une d'elles, destinée à l'Hôtel-Dieu de Châteaudun, pesait de 100 à 120 livres et, malgré son peu de volume, faisait l'admiration de la ville. Il fondit également, pour la collégiale de Saint-André de la même ville, trois timbres, pesant l'un 200 livres, l'autre 20 livres, et le troisième 15 livres ; le tout, dit un procès-verbal, « propre à horloge ayant mouvement d'heure, demye heure et quart d'heure ». On cite encore, au nombre des travaux du même fondeur, plusieurs cloches destinées aux églises de Courtalain, le Gault-Saint-Étienne, Saint-Aignan de Châteaudun, et autres localités.

De nos jours, comme chacun sait, le commerce et l'industrie se sont généralement concentrés dans les grands centres. Courtalain n'a donc pu manquer de subir, lui aussi, les conséquences de cet état de choses; son commerce et son industrie ont eu, dès lors, le même sort et la même dépréciation que son marché. Les corps d'état y figurent encore, il est vrai, presque tous, mais ne font que de très médiocres profits. Le nombre relativement considérable d'employés de la gare aurait pu, sans doute, apporter quelque amélioration à cette pénible situation, mais ils ont leurs syndicats, leurs économats; le commerce intérieur de la ville gagne donc peu à leur présence, souvent même il y perd, le syndicat étant toujours le premier payé. Aussi les petits propriétaires qui ont aménagé des logements pour les recevoir sont-ils, à peu près, les seuls qui aient gagné à la présence de ces nouveaux habitants de la localité.

---

§ VIII

QUELQUES NOTES RELATIVES AUX FAMILLES NOBLES ET AUX SEIGNEURS QUI ONT HABITÉ COURTALAIN

Les grands astres ne vont jamais sans satellites ; de même en est-il des grands seigneurs.

Le bon Lafontaine l'a dit :

> Tout petit prince a des ambassadeurs.
> Tout marquis veut avoir des pages.

Les seigneurs de Courtalain ne pouvaient donc manquer de ranger autour de leur manoir un certain nombre de gentilshommes qui leur fissent comme un cortège d'honneur.

Aussi, pour compléter la notice que nous avons tentée sur Courtalain, ses derniers seigneurs les Montmorency, et quelques-uns de leurs prédécesseurs immédiats, il nous a paru convenable de citer ici, en appendice, les noms de ces augustes personnages.

Nous les rangerons d'abord par familles ; nous citerons ensuite un certain nombre de noms isolés. Notre travail pourra ainsi compléter les notices publiées par MM. Ed. Lefèvre, l'abbé Desvaux et Merlet.

I. — Famille de Courtarvel (1516-1599).

Foulques de Courtarvel, homme d'armes de la compagnie du duc d'Orléans, épouse en 1516 Françoise d'Avaugour, fille de Jacques et de Catherine de la Baune. Cette Françoise d'Avaugour épousa ensuite Raoul de Veille, écuyer, sieur de Courtiment et du Plessis, qui avait été l'un de ses pages.

En 1599, nous trouvons le baptême, à Courtalain, de deux enfants, nommés Pierre l'un et l'autre, issus du mariage d'André de Courtarvel, écuyer, seigneur de Saint-Remy et du Rameau (Langey), et de Gabrielle de Fromentières.

Nous nous abstiendrons ici de plus amples détails, heureux de renvoyer le lecteur à la monographie de Langey, publiée par M. l'abbé Peschot, curé de cette paroisse.

Les armes des Courtarvel sont : *d'azur au sautoir d'or cantonné de seize losanges de même.* Ailleurs on trouve également : *croix de Saint-André avec seize losanges, posés : 12. 3. 1.* Quant aux Fromentières, ils portent : *d'azur à 3 roses tigrées et feuillées de même, posées 2. 1.*

II. — Famille de Racine (1576-1685).

Vers 1576, Catherine de Racine a épousé Louis de Paris, seigneur de Chaussepot (en partie).

En 1596, Pierre de Racine est seigneur des Bois-Bénard en Arrou.

En 1662, Louise de Racine, fille de feu Jacques, écuyer, sieur des Bois-Bénard, et de demoiselle Françoise de Guigné, épouse à Boisgasson Nicolas de Voré, seigneur de la Mérie, fils de Paul et d'Anne du Guay.

En 1665, François de Racine, seigneur des Bois-Bénard, a pour épouse Madeleine de Villezan ; ils ont une fille nommée Madeleine.

En 1683, il y a accord entre François de Racine, seigneur des Bois-Bénard, et Marie Lebreton, veuve de Jacques des Pierres, seigneur de Chaussepot, pour les droits seigneuriaux de la Villepelée en Saint-Pellerin.

III. — Famille de Broc (1596-1640).

François de Broc, baron de Cinq-Mars, seigneur de Broc et de Lizardière (Anjou), épouse à Courtalain, vers 1596, Françoise de Montmorency, l'une des filles de Pierre Ier et de Jacqueline d'Avaugour. Son séjour en la châtellenie dut durer assez longtemps ; sept de ses enfants y furent baptisés, en voici les noms : Jacques, Catherine, Pierre, Antoinette, Charles, Anne et François.

Dans l'intervalle nous trouvons, en 1604, Anne de Broc, religieuse en l'abbaye de Bon-Lieu, au pays du Maine, et, en 1640, Pierre de Broc, évêque d'Auxerre.

Les armoiries des de Broc sont : *de sable, à la bande fuselée d'argent de sept pièces ;* couronne de marquis ; cimier : un buste d'ange ; tenants : deux anges. Elles sont peintes au palais de Versailles, dans la salle des Croisades.

IV. — Famille de Vendomois (1624-1637).

La famille de Vendômois, alliée aux de Broc, n'a compté à Courtalain qu'un seul représentant : il se nommait Olivier, était seigneur de Mancreux et avait épousé Françoise de Pompry, dont il eut quatre enfants : deux fils, Charles et Léon, et deux filles, Louise, morte au berceau, et Charlotte.

V. — Famille de Beauxoncles (1599-1643).

Le nom de Beauxoncles figure deux fois, en 1599, sur le registre paroissial de Courtalain.

Une première fois, il s'agit de Jehan de Beauxoncles, seigneur de Bourguérin (Droué) et époux de Diane de Girard, fille de Pierre de Girard, seigneur de l'Espinay-Sainte-Radegonde, et de Françoise Forget, veuve en premières noces de Louis de Pâris, seigneur de Guigny en Arrou. De ce mariage naquit une fille, nommée Jacqueline, dont nous ignorons les alliances.

La seconde fois, on trouve Gilles de Beauxoncles, gentilhomme de la chambre du roi, chevalier de l'ordre royal, capitaine de 200 hommes de pied, gouverneur de Dieppe, seigneur de Sigongue, de Rocheuse (Fréteval), des Rivaldières et autres lieux. Il était fils de René de Beauxoncles, seigneur de Bourguérin, et de Jeanne des Essarts, et avait épousé Jeanne de Montmorency, l'une des filles de Pierre Ier et de Jacqueline d'Avaugour. De ce mariage seraient nés une fille nommée Jacqueline, comme sa parente, et un fils nommé Pierre, qui fut chevalier et baron, et en outre héritier, du fait de sa mère, des seigneuries d'Arrou en partie et de Bois-Ruffin.

L'abbé Bordas attribue à ce seigneur, comme nous l'avons dit ailleurs, la possession de Courtalain ; nous continuons à ne point partager son sentiment, d'autant plus volontiers que les registres paroissiaux de Chapelle-Royale, de l'année 1633, que nous avons consultés depuis lors, confirment notre opinion.

Pierre de Beauxoncles épousa vers 1625 dame Charlotte Duval, fille de Germain Duval, gentilhomme de la chambre du roi et gouverneur de son château du Louvre, et de Marie de Molinet, et veuve, selon que nous l'avons dit dans une notice publiée en 1896, de Pierre II de Montmorency, seigneur de Courtalain.

De ce mariage naquit une fille nommée Marie-Charlotte ; à la mort de ses parents, on lui donna pour tuteur son frère utérin, François de Montmorency. Elle dut mourir jeune, car, après avoir rendu en 1643 son compte de gestion, François de Montmorency entrait l'année suivante en possession de la seigneurie de Bois-Ruffin, domaine des Beauxoncles.

En 1601, on trouve encore à Courtalain le nom d'un seigneur de Beauxoncles ; il se nomme Charles et porte le titre de gouverneur de la ville et château de Châteaudun.

De Beauxoncles porte : *de gueules à trois coquilles d'or, au chef d'argent.*

VI. — Famille de Paris (1548-1576).

En 1548, Marin de Pâris, écuyer, seigneur de Guigny en Arrou, loue à Jacques d'Avaugour de Courtalain, écuyer, fils de Pierre et de Mathurine de Saint-Paër, une pièce de terre confisquée sur Jean du Plessis, coupable de félonie envers Marin d'Avaugour, seigneur du Plessis d'Arrou. Il possède la terre de Mézières, près la chapelle d'Arrou.

En 1576, Louis de Pâris, seigneur de Chaussepot (en partie), fils de Hardy, obtient de Jeanne de Montmorency l'autorisation de fortifier sa maison de Guigny. Il avait épousé en premières noces Catherine de Racine et en secondes noces Diane de Girard, déjà nommées.

Bien d'autres noms sont parvenus à notre connaissance, mais, comme les personnages qui les ont portés n'ont pas eu de relations avec Courtalain, nous nous abstenons de les citer. On peut du reste consulter avec avantage, sur cette famille de Pàris, le tome Ve des bulletins de la Société, page 281 et suivantes.

Les armes des Pàris sont : *de gueules à deux fasces denchées d'or et d'argent, l'une vers l'autre.*

VII. — Famille du Plessis (1467-1653).

En 1467, nous trouvons Jehan du Plessis du Mée en Arrou, époux en premières noces de Catherine d'Avaugour et puis, en 1489, d'Anne de Courcillon, fille de Jeoffroy de Courcillon, seigneur de Dangeau, et de Marie Cholet. Il eut un fils, nommé Guillaume, qui le remplaça au Mée et épousa Catherine de Ray, dont il eut deux enfants, Adrienne et Marin.

Quant à Anne de Courcillon, devenue veuve, elle épousa en deuxièmes noces, vers 1511, Jean de Raillard, seigneur de Marville et de Saulnières.

En 1553, il est question de Louis du Plessis, sieur de Champ-Chabot en Saint-Pellerin, et de Renée de Fromentières, son épouse, propriétaires du domaine voisin de la Filandière.

En 1577, il y a retrait lignager, par René du Plessis du Mée, de la maison de la Jordannerie, ou Gaudinière, sise près des fossés du château de Courtalain ; cette maison lui venait de Jean d'Arrou, curé de la dite paroisse de Courtalain.

En 1580, on trouve le nom d'Olivier du Plessis de Champ-Chabot, époux de Rollande Dardenay, fille de Paul, seigneur de la Forçonnerie en Unverre.

En 1633, c'est François du Plessis, aussi de Chanchabot, chevalier, gouverneur du comté de Dunois. Il a pour épouse Madeleine de Maupeou.

Enfin, en 1653, c'est Joachain du Plessis, lui aussi seigneur de Chanchabot.

Du Plessis porte : *d'argent à trois quintuples feuilles de gueules,* ou encore : *d'argent à la croix engreslée de gueules, chargée de cinq coquilles d'or.*

VIII. — Familles des Pierres et de Boisguyon (1602-1833).

Nous réunissons sous un même titre ces deux familles parce qu'elles se sont succédé à Chaussepot, et que le savant travail de M. l'abbé Peschot sur la dite seigneurie nous dispense d'en parler longuement. Nous nous bornerons donc à quelques détails qui paraissent avoir échappé aux recherches de l'auteur.

En effet, en même temps que Chaussepot, la famille de Boisguyon possédait, dans le courant du XVIIIe siècle, la petite seigneurie de la Belardière, proche Courtalain.

A la mort de Nicolas de Boisguyon, en 1737, quatre de ses enfants la possédèrent indivise : Louis-Nicolas, Nicole-Henriette, Madeleine-Euphrosine, et Thérèse. Louis-Nicolas épousa Henriette-Thérèse Buchère de la Beauvoisière et mourut à Étampes vers 1798. Henriette-Catherine et Madeleine-Euphrosine restèrent célibataires. Quant à Thérèse, elle épousa Étienne-Jacques René de Guibert, fils d'Étienne et de Renée de Baigneux. Émigrée dès les premiers jours de la Révolution, elle n'était pas rentrée encore à la mort de son frère, Louis-Nicolas ; aussi l'État se porta héritier à sa place et entra en ligne de partage. Un accord intervint, et la Belardière continua de rester indivise entre les deux sœurs Henriette et Madeleine. Cet état de choses se maintint jusqu'à la mort de Madeleine, arrivée vers 1805. M. de Guibert décédait lui-même, l'année suivante, à l'âge de 79 ans.

On voit apparaître alors, pour recueillir sa part d'héritage, dame Denise-Marguerite, veuve de M. de Boisdelaville et mère de deux enfants mineurs : Michel-Alexandre et Marie-Anne. Nous aurions été heureux d'établir son état civil ; mais, à notre regret, les documents nous font défaut ; nous savons seulement qu'elle vendit son droit de succession à son parent Jean-Baptiste-François, déjà possesseur de Chaussepot, et que celui-ci le revendit presque immédiatement à Louis-Augustin-Emmanuel Bordas, receveur particulier de l'arrondissement de Châteaudun.

Les armoiries des des Pierres sont : *d'azur à deux clefs d'argent en sautoir, cantonnées de quatre losanges d'or.*

Quant à M. de Boisguyon, il blasonnait ainsi son écu en 1631 : *d'azur au chevron d'argent, surmonté d'une étoile d'or et accompagné de 3 croissants de même.*

On le trouve figuré à la clef de voûte de l'une des travées de l'église de Souancé.

IX. — Famille de Pheline.

La famille de Pheline habita longtemps Courtalain ; nous nous permettrons donc d'étendre un peu la notice que nous devons lui consacrer.

Le premier de Pheline dont le nom nous soit parvenu s'appelait Antoine, vivait en 1208 et faisait les fonctions de chapelain de la Sainte-Chasse, en l'église de Notre-Dame de Chartres.

En 1552, nous trouvons Jean de Pheline, receveur de la seigneurie de la Roche-Bernard. Il a pour épouse Françoise Menault. Dans un testament fait en commun, ils demandent qu'à chacun des services célébrés pour le repos de leurs âmes deux livres de cire soient converties en angelots, sur leur cercueil.

En 1555, on lit le nom de Jeanne de Pheline, épouse de Jean de Giraudeau, seigneur de la Noue en Autheuil, sommelier du gobelet de la reine de France.

En 1595, c'est Perrette de Pheline, épouse de Gui de Beaumont, seigneur des Blossiers en Chapelle-Royale.

En 1597, Léonard de Pheline.

En 1605, Jacques de Pheline, écuyer, sieur de la Bichetière et de la Guesterie en Saint-Avit-au-Perche, fils de Pierre et d'Anne de Bailleul. Il fut également seigneur de Champlain.

En 1633, Julien de Pheline, seigneur d'Arras au dit Saint-Avit, époux d'Alienor de Girondeau. Cinq enfants naquirent de ce mariage : Henri, Renée, Marie, Élisabeth et Madeleine. De concert avec Pierre de Nepveu du Plessis-Dorin, il exigea de Martin du Bellay, seigneur de Glatigny, en Souday, foi et hommage pour la terre de Boisvinet.

En 1640, Claude de Pheline a pour épouse Anne de Giraudeau.

En 1642, Françoise de Pheline a épousé Nicolas N..., avocat à Chaudun-les-Paris.

En la même année 1642, Charles de Pheline, sieur de la Gueusterie, fils de Jacques, épouse, en présence de Pierre, son frère, sieur du Grand-Pré, Jeanne de Courtalain de la Houssaie d'Unverre, fille de Jacques et de Gabrielle de Saint-Meloir. Trois enfants naquirent de ce mariage : Gabrielle, Marie et Aimée.

Cette dernière, seule, contracta alliance et épousa en premières noces Jacques de Vasconcelles, seigneur de Dorceau et de la Vallée, fils de François et de Diane de la Guerinière ; elle en eut un fils nommé Étienne qui resta à la Houssaie ; en secondes noces elle épousa Jacques de Trangouint, seigneur de Chaudon, en la paroisse de Fyé, dont elle eut une fille nommée Charlotte.

Devenu veuf de Jeanne de Courtalain, Charles de Pheline épousa Marguerite de Maigret.

En 1645, Henri de Pheline, sieur de la Vatinière (Arville) et de la Dordinière, fils de Pierre et d'Anne de Bailleul, déjà cités, épouse, à Unverre, Marie de Malnoue de la Perrière, fille de Jacques et de Denise de Heulant ; ils ont une fille nommée Marie.

En 1665, Charles de Pheline, fils de Charles, seigneur de Villefort et de Marie de Gogué, sieur des Bordes en Courtalain, donne à Élisabeth, sa sœur, 1.500 l. t. à l'occasion de son mariage avec Nicolas Loger du Taillis.

Devenue veuve, Élisabeth épousa, en 1669, à Saint-Pellerin, Claude de Hersant, sieur des Défais, fils d'Adrien, sieur de la Touche, conseiller du roi et son procureur en l'élection et maréchaussée de Vendôme.

En 1687, Pierre de Pheline est seigneur de la Touche-Hersant. Il a épousé Marie Pasnaye. En la même année 1687, Charlotte de Pheline est restée veuve de Charles de Brossart, sieur de Claire-Fontaine. Elle passe marché pour construire un logis seigneurial, au lieu du Petit-Fontaine, en la paroisse de Fontaine-Raoul.

En 1689, au nombre des gentilshommes convoqués pour faire partie de l'arrière-ban du Vendômois, figurent N. de Pheline de Villiers-Faut et N. de Pheline de Belle-Lande, près Villebout.

On cite encore à la même époque : Isaac de Pheline, sieur de la Gobetière, et son fils nommé aussi Isaac, sieur des Montfraints (Moisy) ; Pierre de Pheline, sieur de la Tudinière, François, sieur de la Dordinière, et Claude, qui épousa Marie-Anne Mangot, et habita Romainville, près Cloyes.

En 1722, meurt, à Saint-Pellerin, Anne de Pheline, veuve de Balthasard de Voré, sieur de la Mérie en Chapelle-Royale.

En 1735, meurt, aux Étilleux, Renée de Touchais, veuve de Jacques de Pheline, sieur de Carcassonne, en Saint-Avit-au-Perche.

En 1739, il y a mariage entre Claude-Étienne de Pheline, écuyer, sieur des Blanchardières, et Marie-Madeleine Loger, fille de Pierre Loger des Touchardières, en Saint-Pellerin, et de Marie de Ficte. Ils vinrent se fixer à la Boisvinerie, près Courtalain.

Onze enfants naquirent de leur mariage : Léon-Claude-Étienne, Léon-Étienne-Henri, Charles-Pierre-Claude, Léon-Antoine-Henri, Henriette-Élisabeth, Charles-Étienne, Angélique-Agnès, Philibert-André, André-Étienne-Armand, Jean-Baptiste-Marin, César-Bon-Vincent-Auguste.

Il eût été intéressant, sans doute, de savoir quelles carrières embrassèrent ces nombreux représentants de la famille de Pheline. A notre grand regret, nous l'ignorons complètement. Nous savons seulement qu'Henriette-Élisabeth épousa Pierre-François Loger du Taillis, et que la maison de la Boivinerie resta à André-Étienne-Armand, le neuvième des enfants de Claude-Étienne, et que celui-ci épousa Thérèse-Charlotte Guérin de Villiers, fille de Michel-Léonard et de Françoise-Gertrude Herpin de la Gâte.

De ce dernier mariage naquirent quatre enfants : Thérèse-Scholastique, Henriette-Thérèse-Louise, Nicolas-André et Henri-Étienne-Léon.

André-Étienne-Armand mourut en 1809 ; il avait passé à Courtalain tout le temps de la Révolution.

En 1789, il fut nommé commandant de la garde nationale de la localité. En 1792, il fut le seul citoyen qui offrit un fusil aux volontaires qui se présentèrent pour voler au secours de la patrie en danger. Le 19 nivôse an II, le même M. de Pheline apportait sur la place de Courtalain ses titres seigneuriaux et y mettait le feu, en compagnie de Mme Anne-Erneste-Cuperly de Jasny, veuve de messire Gabriel-André de Boisguyon. Nous ignorons la date de la mort de son épouse.

De leurs quatre enfants, deux seulement nous ont révélé leurs alliances : Henriette-Thérèse-Louise qui épousa, en 1822, Jean-Louis-Joseph Brideau, propriétaire aux Autels-Saint-Éloi, et mourut en 1826, à l'âge de 46 ans ; et Nicolas, dont nous aurons à parler à l'instant.

En attendant, nous ne pouvons nous dispenser de signaler ici un autre membre de la famille de Pheline, nommé Louis-

Jacques, ou Jacques-Louis, né en 1747, à la fois capitaine au corps royal du génie, chevalier de Saint-Louis en 1791, chevalier novice de Notre-Dame du Mont-Carmel et de Saint-Lazare de Jérusalem, député du bailliage de Vendôme à l'Assemblée Nationale et seigneur de Villiers-Faut, des Bois-Bénard, et du Boel en Chapelle-Royale.

Cet auguste personnage, si l'on en croit les registres paroissiaux de Courtalain, ternit sa gloire en substituant, par une insigne fourberie, le nom d'Arrou à celui de Courtalain dans une pétition relative à l'érection de cette commune en chef-lieu de canton, faveur qui lui était promise et que, dès lors, elle avait tout droit d'espérer.

Ce Jacques-Louis de Pheline avait épousé Marie-Élisabeth de Chabot, dont il eut une fille nommée Victoire-Félicité, née le 15 janvier 1782, à Saint-Firmin, près Vendôme, et qui épousa, en 1814, Louis-Élisabeth Mirleau d'Illiers. Elle mourut à Pezou (Loir-et-Cher), en 1864 ; son époux était mort à Vendôme, en 1836, à l'âge de 47 ans. On ne leur connaît pas d'enfants.

Nicolas-André, dont nous citions naguère le nom, paraît donc être resté le seul survivant de cette famille, jadis si nombreuse dans le Perche-Gouet et le Vendômois. Il vécut dans l'obscurité et ne paraît pas avoir exercé d'autre fonction civile que celle de maire de sa commune pendant six ans, de 1840 à 1846. Il mourut en 1858, à l'âge de 77 ans. Une place de Courtalain porte son nom.

M. Nicolas de Pheline se maria deux fois : la première fois, il épousa Marie-Anne-Émilie d'Arlanges, fille de Henri et de Marie-Anne Cormier, née à la Bazoche-Gouet et décédée à Courtalain, en 1807, à l'âge de 23 ans. De ce mariage naquit, en 1805, un fils nommé Alphonse-Pierre-André, dont nous ne savons que la naissance.

La seconde fois, il épousa Renée-Thérèse-Monique Poulain de Bristel, fille de René-Louis et de Marie-Jeanne-Monique Baril ; celle-ci mourut en 1817, à l'âge de 40 ans, laissant deux filles : Émilie-Andrée, née en 1810, qui épousa Étienne-Denis-Léon de la Molère, ancien officier de cavalerie, et Pauline-Thérèse-Charlotte, née en 1812, qui épousa Jean-Baptiste Gombert de la Tesserie.

C'est à cette dernière qu'est restée la maison de la Boivinerie.

Son gendre, M. Dean de Luigné, en est aujourd'hui propriétaire. Toutefois, ni sa belle-mère, ni lui, n'ont jugé à propos de l'habiter.

Le locataire actuel, M. le baron Ludovic du Bourblanc, est issu d'une antique famille de Bretagne. Quant à dame Marie-Victoire Phelippes de la Marnière, son épouse, elle appartient à la famille des seigneurs de la Touche-Hersant. Deux enfants sont nés de ce mariage, deux filles : Marie-Thérèse, la plus jeune, est encore célibataire ; Jeanne, l'aînée, a épousé, à Courtalain, un jeune officier de cavalerie de la plus grande espérance, M. Robert de Mauduit, d'une illustre famille de Bretagne, dont les ancêtres ont combattu à Hastings, sous les ordres de Guillaume-le-Conquérant.

Les armes des sieurs de Pheline sont : *de gueules, au chevron d'argent, à la levrette de même.* Ailleurs on trouve : *d'azur au soleil d'or.*

Celles de M. le baron du Bourblanc sont : *une tour sur champ de gueules,* surmontées d'une couronne de comte et accompagnées de la devise : *Custodi nos Domine.*

Quant à Mme du Bourblanc elle porte : *sur champ d'azur, un chevron d'or surmonté d'une étoile de même, accompagnée de deux merlettes d'argent, et un croissant de même vers le bas de l'écu.*

X. — Famille de Lardières (1607-1830).

Le fief de Lardières relevait des Montmorency. Nous ne surprendrons donc personne en disant que les de Lardières appartenaient à cette noble famille.

En effet, le premier des Lardières, nommé César, était fils naturel de Pierre de Montmorency, baron de Fosseux, et de Françoise de Brandon. Nous ne connaissons pas la date exacte de sa naissance ; nous savons seulement qu'elle précéda le mariage de son père avec dame Charlotte Duval. Du reste, il n'apparaît à Courtalain qu'après la mort de celui-ci, c'est-à-dire en 1620.

En 1629, il y a lettres de bénéfice d'âge accordées à César de Lardières par le roi Louis XIII. L'irrégularité de sa naissance y est constatée.

En 1630, on trouve le nom de Léonore de Lardières, épouse de Jacques Dupont, greffier de la chatellenie de Courtalain. Elle mourut en 1646, à la fleur de l'âge.

Quant à César, il épousa, en 1647, Marie Moussu, fille de Pasquier Moussu, sieur de la Basilière, d'Andillou et autres lieux, bailli d'Arrou et Bois-Ruffin, et procureur fiscal de la seigneurie de Courtalain, et de Marie Serreau. Il fut seigneur de la Morinière (le Poislay), et capitaine du château de Courtalain. Il habita la maison de la Boivinerie, en Courtalain, nouvellement construite.

Sept enfants naquirent de son mariage : Henri-César, François-César, Marie, Marie-Françoise, Anne, Marguerite et Henri.

Nous ne connaissons l'alliance que de deux seulement : César-François, qui épousa, en 1675, à Courtalain, Catherine Chauffourneau, fille du bailli de la Ville-aux-Clercs ; et Anne, qui épousa François Fabre, procureur général du duché du Vendômois, et sieur du Plessis. Elle vivait encore en 1717 et habitait alors la Boivinerie.

Quant à Marguerite, restée célibataire, elle fut dame d'honneur de Mme de Montmorency, Marie-Madeleine de l'Étoile, et mourut en 1704.

En 1675, un diplôme de bachelier est délivré en l'université de Paris à maître François-César de Lardières. Il y est qualifié de Dunois : *Dunensis*. En 1677, il lui naissait un fils, du même nom que lui, qui fut baptisé en l'église de Saint-Martin de Vendôme. Nous ignorons l'époque de sa mort ainsi que celle de Catherine Chauffourneau, son épouse.

En 1680, il y a discussion entre François-César de Lardières, avocat au Parlement, conseiller du roi en l'élection et grenier à sel de Vendôme, et François Neils, au sujet de cette charge. L'acte est sur parchemin.

En 1681, il y a accord entre François-César de Lardières, sieur de la Gaudinière ou Jordannerie ; Henri, sieur de la Morinière ; et Anne et Marguerite, leurs sœurs, relativement à la succession de César de Lardières, sieur de la Gaudinière, et de Marie Moussu, leurs père et mère.

En 1695, commission est donnée au capitaine François-César de Lardières de la charge que possédait le capitaine Bonas dans le régiment de Dragons du Gevaudan. Cette charge était restée vacante par la retraite du dit capitaine.

Quelques années plus tard, le même César de Lardières était nommé capitaine au régiment de Montmorency, et épousait

Angélique de Bornière. Son acte de mariage lui donne les titres d'écuyer, seigneur de Lardières, la Bichetière, Andillou et autres lieux.

Cette seigneurie d'Andillou, aujourd'hui propriété de Mlle Mazin, de Courtalain, avait jadis une certaine importance, et comprenait plusieurs fiefs. Après avoir appartenu au XVIe siècle aux sieurs de Dampierre, Gui et Louis, elle était échue à Jacques de Marescot, écuyer, sieur d'Orsay en la Bazoche-Gouet, et des Fretons en Châtillon-en-Dunois, et à Marie de Bienvenue, son épouse. Ceux-ci la vendirent à Pasquier Moussu et à Marie Serreau, aïeux du sieur de Lardières. Des époux Pasquier Moussu, Andillou passa à Charles, leur fils, époux de Françoise Lebreton ; puis à Françoise-Élisabeth, leur fille, qui décéda sans postérité, et dont François-César recueillit la succession.

De son mariage avec Angélique de Bornières, celui-ci eut quatre enfants, trois fils et une fille. Des trois fils, deux, Jean-Henri-Léon et Léon-Auguste, moururent avant leur père. Le troisième, né à Courtalain en 1725 et nommé César-François-Jacques, le remplaça.

Quant à la fille, nommée Marie-Angélique, elle épousa Pierre-François Loger des Touchardières, dont il sera question bientôt.

François-César mourut en 1741. L'année suivante, l'origine noble de ses enfants était contestée, et, comme ils étaient encore mineurs, leur mère dut, tant en son nom que comme tutrice, présenter à la Cour des Aides une requête demandant leur maintien de noblesse. César-François-Jacques reçut alors un brevet de lieutenant au régiment de la couronne.

En 1744, dame Angélique de Bornière passait reconnaissance au prieur des Fouteaux, pour les terres du Grand et du Petit-Lallier (Bouffry), et cette même année, César-François-Jacques, son fils, épousait Michelle-Jeanne Levavasseur de Pontigny. Elle mourut en 1774.

César-François-Jacques de Lardières eut quatre enfants : Marie-Jeanne-Françoise, Pierre-Jacques-Michel, Léon-César-Marie-Michel et Victoire-Angélique-Marthe. Il figure dans le catalogue des gentilshommes du bailliage de Blois qui prirent part aux assemblées de la noblesse de la province, pour la nomination des députés aux États-Généraux de 1789.

Cette même année il vendait sa maison de Courtalain, et, l'année suivante, sa terre d'Andillou et ses annexes de la Barilière et des Tardivières, puis se retirait à Vendôme et de là à Herbault, près Blois, dont il fut maire pendant quelques années.

On croit que c'est lui qui, le 26 octobre 1792, pour se conformer aux lois de la République, retira des mains du curé, pour les transporter à la mairie, les registres de baptêmes, mariages, inhumations et autres documents, jusqu'alors confiés aux fabriques. Après quelques années passées à Herbault, il revint à Vendôme où il mourut le 18 mai 1809, à l'âge de 84 ans. Il avait possédé le titre d'écuyer.

La bibliothèque communale de Vendôme possède un certain nombre de volumes qui lui ont appartenu et portent son chiffre.

Nous ignorons la date de la mort de son épouse Michelle-Jeanne Levavasseur de Pontigny.

Deux de leurs enfants seuls leur survécurent : Victoire-Angélique et Léon-César.

Victoire-Angélique-Marthe-Césaire, née à Courtalain en 1760, fut élevée à Saint-Cyr, resta célibataire et mourut à Vendôme le 13 avril 1825.

Quant à Léon-César-Marie-Michel, il fut chirurgien-major de première classe dans la marine et attaché, en 1825, au port de Roscoff, près Morlaix. Il avait épousé Adelaïde-Sophie-Flore Jabre du Plessis, d'une notable famille du Vendômois. Il en eut un fils nommé Hippolyte, qui, après avoir servi sous Napoléon, devint lieutenant dans la légion de Loir-et-Cher, transformée en régiment de ligne, et mourut à Paris, sans postérité, dans les années qui suivirent la Révolution de 1830.

De Lardières porte : *sur champ d'azur une croix d'or,* disent les uns, *de gueules,* disent les autres, *cantonnée de quatre alérions de sable.*

En terminant cette esquisse, nous devons de publics remerciements à l'un des membres les plus distingués de la Société Vendômoise, M. de Trémault, qui a bien voulu nous faire part de sa riche collection, et nous communiquer ces derniers renseignements.

XI. — Famille Guérin de Villiers (1679-1858).

Le premier Guérin de Villiers, dont la notoriété est venue jusqu'à nous, vivait en 1679, et portait le nom de Michel. Il avait épousé Marie Loger du Taillis.

En 1689, messire Guérin de Villiers-Rozières fait partie de l'arrière-ban de la noblesse. Sa famille possède le castel de Rocheux en Mondoubleau et Chaussepot en partie.

En 1727, on trouve Michel-Léonard-Guérin de Villiers-Rozières, écuyer, époux de Françoise-Gertrude Herpin de la Gâte. De son mariage il eut quatre enfants : Michel-François, qui mourut jeune ; Françoise-Jeanne-Louise, qui épousa, en 1776, Jean-Baptiste Deshayes de Bonneval, officier de cavalerie ; Thérèse-Charlotte, qui épousa André-Étienne-Armand de Pheline, nommé plus haut ; et Charles-François, qui épousa Marie-Thérèse de Fontenay, et fut, de ce fait, possesseur de la moitié des champarts et des ménages de Chaussepot. Il mourut en 1747.

Quant à Charles-François, nous ne lui connaissons qu'un fils, né en 1757, et nommé Charles-Armand-Henri, qui fut chevalier de Saint-Louis et mourut en 1830. En 1817, il était marguillier de sa paroisse.

Il avait épousé Marie-Victoire-Rosalie de Chabot de Moncey, fille de René et de Marie Dajon, qui lui survécut et décéda en 1858, à l'âge de 90 ans. De ce mariage étaient nés deux enfants :

Marie-Anne-Thérèse, qui épousa, en 1826, à Courtalain, Mathieu Rodde de la Marge, originaire de Clermont-Ferrand, lieutenant au 5e chasseurs, en garnison à Châteaudun ;

Et Anne-Charles-Élisabeth, né en 1807.

En 1767, M. Guérin de Villiers est curé de Saint-Agil (L.-et-C.). Un autre membre de cette famille, nommé Michel-Nicolas, figure, en 1785, et habite le château du Loup, près de Berlay.

Guérin de Villiers a pour armes, au premier : *d'azur au soleil d'or ;* au deuxième : *de gueules à trois molettes d'argent, rangées en fasce.*

De Chabot porte : *d'or à trois chabots de gueules posés 2. 1.*

XIII. — Famille de Gyvès (1708-1776).

Si nous sommes bien informé, la famille de Gyvès aurait joui d'une certaine notoriété au moyen-âge et au commencement de l'époque moderne. Un Gyvès aurait été bailli de Chartres en 1335 ; un autre, vicomte de Verneuil et de Laigle ;

plusieurs auraient exercé des charges importantes dans la magistrature et dans l'Église. Leurs armes figurent dans une des chapelles de l'église de Saint-Aignan de Chartres, due sans doute à leur pieuse générosité. Toutefois, pour rester fidèle à notre programme, nous ne parlerons que des Gyvès qui ont paru à Courtalain.

En 1708, nous trouvons Denis Ier de Gyvès ; il est seigneur des Bois-Bénard en Arrou, et a pour épouse Marie-Marguerite Bourgeois. On leur connaît deux enfants :

Marie-Marguerite, qui épousa Nicolas de Boisguyon, veuf en premières noces de Madeleine des Pierres de Chaussepot ;

Et Denis IIe du nom, qui épousa en 1715, à Soizé, Andrée-Anne de Loubes, des seigneurs du Saulse-Gouet. De ce mariage naquirent trois filles : Anne-Françoise-Marguerite, Geneviève-Gabrielle et Bonne-Marie. L'aînée, Anne-Françoise-Marguerite, épousa en 1734 Henri-Barthélemy-Marie de la Mouchetière, chevalier, seigneur de Saint-Éman, les Pâtys et autres lieux. Nous ignorons les alliances des deux autres.

En 1764, Denis II de Gyvès assiste au Poislay à l'inhumation de Nicolas de Boisguyon, son beau-frère. Il mourut en 1776 à l'âge de 89 ans.

De Gyvès porte : *d'azur au chevron d'or en abîme chargé de cinq annelets de gueules.*

XIII. — Famille Loger des Touchardières (1616-1836).

La famille Loger est l'une de celles qui ont le plus longtemps habité Courtalain.

Le premier dont le nom se rencontre dans les registres de la paroisse vivait en 1616, et portait le nom de François. Il était écuyer, avocat, conseiller du roi et substitut du procureur général au Parlement de Paris.

Il mourut à Chartres en 1645 et fut inhumé à Courtalain. Nous avons parlé ailleurs de son testament. Il avait épousé Marie Serreau, fille du notaire de la seigneurie.

Quatre enfants lui naquirent à Courtalain : Nicolas, Vincent, François et Marie.

Marie épousa, comme nous l'avons dit plus haut, Michel Guérin de Villiers.

Nicolas fut seigneur des Touchardières, du Taillis et de la

Facière en Saint-Pellerin. Nous ignorons quelles fonctions publiques il exerça. Il épousa Élisabeth de Pheline, mourut jeune et ne paraît pas avoir laissé d'héritiers.

Vincent entra dans la cléricature et se fixa à Paris.

François fut conseiller du roi comme son père, et, comme lui, substitut du procureur général au Parlement de Paris. Il épousa Madeleine Chappe et mourut en 1681. Nous ne connaissons pas sa descendance. En effet, il faut venir jusqu'à l'an 1721 pour retrouver des traces de cette famille Loger.

En cette année figure Pierre Loger, écuyer, sieur des Touchardières. Il a épousé Marie-Madeleine-Henriette de Ficte. Plusieurs de leurs enfants naissent à Courtalain : Anne, qui meurt jeune ; Pierre, qui entre dans la cléricature ; Marie-Thérèse-Angélique, dont nous ne connaissons que le nom ; et Marie-Madeleine-Henriette, dont nous avons parlé déjà comme épouse de Claude-Étienne de Pheline.

En 1727, François Loger de Villiers est bailli de Courtalain. Il meurt subitement en 1732, à l'âge de 80 ans.

En 1732, on rencontre Pierre-François Loger, lieutenant au régiment du roi ; nous le retrouvons en 1789 avec le titre de commandant de la garde nationale de Saint-Pellerin.

Pierre-François Loger se maria deux fois : une première fois avec Marie-Angélique de Lardières, dont il eut une fille nommée Eulalie-Félicité ; et une seconde fois avec Henriette-Élisabeth de Pheline, précédemment nommée, dont il eut deux enfants : Henriette-Angélique, dont nous ne savons que le nom, et Pierre-Jean-Henri.

Celui-ci fut un homme de loi comme presque tous ses ancêtres, et, en cette qualité, fut chargé en 1805 de la liquidation de la succession des demoiselles de Boisguyon de la Belardière. Il mourut à Bourges en 1830. Il avait épousé Marie-Thérèse Laurent des Granges, qui décéda en 1836. Ils ne paraissent pas avoir laissé d'enfants.

Mme Loger légua en mourant 1.200 francs aux pauvres de Saint-Pellerin ; en vertu d'une condition testamentaire, le curé de la paroisse était chargé de la distribution de la rente provenant de ce capital.

Nicolas Loger du Taillis faisait, en 1668, partie des nobles de l'élection du Dunois.

La famille Loger n'a point d'armoiries.

XIV. — Famille Bordas (1623-1809).

Si nous mentionnons ici la famille Bordas, c'est surtout en souvenir de notre historien du Dunois. Il est le seul, en effet, dont le nom ait joui de quelque notoriété.

La famille Bordas fut longtemps en possession de la seigneurie de Lautrinière en Arrou, mais un certain nombre de ses membres habitèrent Courtalain et y remplirent divers offices.

En 1623, naît à Courtalain Olivier Bordas, fils d'Antoine et de Louise Montéan.

En 1681, on trouve le nom de Louise Bordas, épouse de Lubin Martin.

En 1699, c'est Jacques ou Emmanuel Bordas. Il a pour épouse en premières noces Marie-Anne Bigottière, et en deuxièmes noces Marie Girouard. De ce dernier mariage sont nés huit enfants : Charles Ier, mort au berceau, Charles II, Catherine, Marie, Louise, Jacques-Emmanuel et Françoise ; ces derniers nés à Langey.

En 1711, c'est Antoine Bordas, fils d'Antoine et de Marie Savigny.

En 1743, Emmanuel Bordas, de Lautrinière.

Enfin, en 1809, Louis-Augustin-Emmanuel Bordas, receveur particulier de l'arrondissement de Châteaudun, époux de Rose-Adélaïde Lorin. C'est lui qui, après avoir quelque temps possédé le manoir de la Belardière, près Courtalain, le vendit en 1805 à messire Charles Lambert de la Riffaudière. Et c'est de celui-ci qu'il vint, dans le cours de 1824, en la possession du baron Raoul de Montmorency, dont la famille le possède encore de nos jours, en la personne de Mme la marquise douairière de Gontaut-Biron, sa nièce et héritière, née princesse de Beauffremont.

XV

A cette notice consacrée aux familles qui ont habité Courtalain, qu'il nous soit permis, malgré sa longueur, d'ajouter quelques noms de personnages qui y ont entretenu des relations ou choisi leur sépulture ; nous les rangerons par ordre chronologique.

1545. Antoine de Vorest, seigneur de Lautrinière, en Arrou.

1569. Gui d'Orval, seigneur de la Remonnière, en Arrou.

1581. Marin de Grammont, seigneur de Lautrinière, plaide en séparation avec Louise Davery, son épouse.

1587. Thomas de l'Orme, seigneur des Bordes, en Courtalain.

1596. Jacques des Loges, sieur de la Bichetière.

1599. Michel de Gast, époux d'Antoinette de Montmorency, gouverneur de la ville et du château d'Amboise.

1600. Jacques de Montmorency, fils de François et de Catherine Brichon.

1600. Marie de Saint-Mesmin, épouse de Jacques Lejay, sieur du Peray.

1602. François Cohu, seigneur des Bordes.

1603. Gilles de Sommeray, chevalier des deux ordres du roi, capitaine de 50 hommes d'armes, gouverneur et lieutenant général pour Sa Majesté, en Touraine, et gouverneur de la personne de Mgr le Dauphin.

1603. Élisabeth de Herné, marraine de Charles de Broc.

1606. Jacques de Montmorency, chevalier de l'ordre du roi, capitaine de 50 hommes d'armes, bailli et gouverneur des villes et châteaux de Caen et Falaise, seigneur de Courtalain (en partie). Il était fils de Pierre de Montmorency et de Suzanne de Rieux. Ce Pierre de Montmorency était le troisième fils de Pierre Ier et de Jehanne d'Avaugourt. Il avait épousé en premières noces Louise de Laval, et en deuxièmes noces Suzanne de Rieux.

1610. Haut et puissant seigneur Florimond de Moulins, seigneur de Rochefort et de Villecourt, près Blois. Il épouse à Courtalain dame Jacqueline de Montmorency, fille d'Anne et de Marie de Beaune.

1611. Charlotte de la Neuville meurt à Courtalain.

1614. Damoiselle Marguerite de Montmorency, fille de Pierre et de Suzanne de Rieux.

1615. Baron de Grignon, écuyer, seigneur des Rigaudières.

1619. Marin Oudineau, sieur de la Ferrière en Saint-Pellerin, procureur fiscal de Courtalain.

1622. Catherine du Mouchet naît à Courtalain du mariage de Remi et de Judith de Tascher.

1625. Léon d'Illiers, chevalier, seigneur de Chantemesle en Logron ; de la famille de Balzac-d'Entragues, de Vaupilon.

1627. Suzanne de Mousseaux, épouse de messire François du

Val, marquis de Fontenay, seigneur de Mareuil. Messire François du Val était frère de Charlotte du Val, épouse en premières noces de Pierre de Montmorency et en deuxièmes de Pierre de Beauxoncles.

1629. Gabriel de la Porte, époux de Claude Serreau.

1632. Naissance à Courtalain de Pierre de Vorest, fils d'Antoine et de Catherine de Beaulieu.

1634. Marguerite d'Illiers, épouse de haut et puissant seigneur Jean d'Avaugour, marquis de Bois-la-Motte et baron de Gauldo.

1643. Antoinette de Beaunois meurt à Courtalain.

1645. Naissance à Courtalain de Thibault de Thévenet, fils de Guillaume, seigneur dudit lieu, écuyer, et de Catherine Parisse.

1695. Élisabeth et Geneviève de Bellezaize, filles de Jean-Baptiste, seigneur des Bois-Bénard et d'Élisabeth d'Allonville, font aveu à la seigneurie de Courtalain, pour le fief de la Goispierre en Langey.

1700. Décès au pavillon de Courtalain d'Élisabeth de la Morlière, née Girard de Charbonnières, veuve en premières noces de Daniel Mettayer, et en deuxièmes de Jacques de Malnoue et de la Bretignière, sieur de Boisnouvel, dame de la Beaudonnière en Unverre.

1701. Charles Rousseau, sieur des Bordes, garde de la porte du roi.

1734. Décès à Courtalain de Marguerite de Leviston, veuve de N. de Montlibert, sieur de Bois, du Vivier et de la Lande.

1737. Décès à l'âge de 11 ans de Marie-Anne-Charlotte de Rousselet, fille d'Emmanuel, marquis de Château-Regnault, comte d'Arton, baron de Poulmiq, seigneur de Croson, la Poissonnière et autres lieux, lieutenant général de la province de Bretagne, et capitaine de vaisseau, et d'Anne-Julie de Montmorency.

1750. René de Rotrou, écuyer, sieur du Gué.

1763. Décès de Michel Genty du Mesnil.

1766. Léon de Bussecoles, peintre.

1809. Mgr Charles-Constance-César-Loup-Joseph-Mathieu d'Agoult, ancien évêque de Pamiers.

1810. Jacques-Antoine Boudon, officier de cavalerie.

1810. Décès de Charles-Jacques Lambert de la Riffaudière.

1810. Louis-Benjamin Leclaire, lieutenant-colonel, attaché à l'état-major, chevalier de la Légion d'honneur, commandeur de l'ordre du Mérite du grand-duc de Hesse.

1818. Pierre-Germain-Jean-Jacques Courgibet, du Buisson en Châtillon, et dame Angèle Picard de la Pointe, son épouse.

1820. Antoinette-Désirée de Meaussé, veuve Lambert de la Riffaudière.

1823. Pierre-François-Joseph Bouexic de Pizieux, chevalier de Malte.

1824. Zoé de Dreux.

1826. Tixier de Grignoles, vicomte de Nettancourt, lieutenant-colonel au 5e chasseurs.

1826. Antoine de Courtois, capitaine au 5e chasseurs.

1836. Anne-Fernand de Rohan-Chabot, prince de Léon, duc de Rohan, né en 1789, mort en 1869.

Grâce à l'obligeance de M. le comte Théodore de Gontaut, nous pouvons donner sur M. le duc de Rohan quelques détails, qui, nous osons l'espérer, ne seront pas sans intérêt.

M. Anne-Fernand de Rohan fut colonel des hussards de la garde sous l'Empire, puis général, et, sous la Restauration, aide de camp de M. le duc de Berry. Il épousa, en 1817, Joséphine de Gontaut-Biron, fille de la vicomtesse de Gontaut-Biron, gouvernante des enfants de France, créée duchesse de Gontaut par Charles X.

Le duc de Rohan était fils de Louis-François-Auguste de Rohan-Chabot, duc de Rohan, pair de France, premier gentilhomme de la chambre du roi, né en 1761 et mort en 1816, et de Anne-Louise-Madeleine de Montmorency, fille du duc Anne-Léon de Montmorency, de Courtalain, décédé à Munster en 1799, et de Françoise-Charlotte de Montmorency-Luxembourg.

Le duc de Rohan, actuellement député du Morbihan, est le petit-fils du duc Anne-Fernand, c'est-à-dire de celui-là même qui nous occupe spécialement.

Deux épisodes ont particulièrement signalé la carrière militaire du duc de Rohan.

Pendant la campagne de Russie, il était aide de camp du duc de Narbonne, qui l'était lui-même de Napoléon. Chargé un jour de reconnaître un point stratégique et d'exécuter un mouvement d'où pouvait dépendre le sort de la bataille, il eut le regret d'être surpris par un régiment de cavalerie ennemie dissimulé derrière un mamelon, et prêt à charger le corps auquel il portait des ordres. Dans l'impossibilité de se défendre ou de fuir, il se blottit parmi les morts dont la plaine était couverte ; le régiment ennemi passa tout entier sans l'atteindre ; il put donc se relever sain et sauf et aller rendre compte à l'empereur des incidents divers auxquels il avait assisté, sans pouvoir y prendre part.

Le second épisode, nous n'hésitons pas à le dire, fut plus émouvant encore que le premier : c'était pendant la retraite de cette funeste campagne qui fut si désastreuse pour la France. Le duc de Rohan, épuisé et souffrant, était tombé de fatigue ; le froid le saisit bientôt et on le laissa pour mort. La nuit était fort obscure ; une patrouille passant par là, l'un des militaires qui en faisaient partie le heurta par hasard, et s'étant baissé, trouva sur la poitrine du pauvre abandonné la croix d'honneur, puis, continuant ses investigations, palpa sur les bras les galons d'un officier de haut grade. Ému de pitié, il fit tous ses efforts pour l'enlever et le conduire au bivouac voisin, où à force de soins on put le rappeler à la vie.

Ce duc de Rohan sut donc se montrer digne de ses ancêtres les Montmorency et les Gontaut-Biron : vingt-neuf Montmorency, en effet, et dix-huit Biron sont morts sur les champs de bataille ou par suite de blessures.

1858. Décès à Chaussepot et inhumation à Courtalain d'Antoine-Adolphe-Thomas de Maussion, fils de Thomas-Urbain et de Jeanne-Roberte-Orléans-Perrin de Cypierre, veuf de Germaine-Jeanne de Thélusson, ancien consul à Nice, Édimbourg, Stockholm, Dresde et Naples, préfet du palais sous Napoléon III, auditeur au Conseil d'État, commandeur de la Légion d'honneur. Le comte de Sade, gendre du défunt, et le comte de Maussion, son neveu, assistaient à son inhumation.

1865. Décès à Courtalain de Jules de Pétigny, ancien officier de cavalerie, fils de René-Joseph et d'Anne-Félicité de Pétigny-Saint-Romain. Il fut, selon son désir, inhumé à Lanneray, où une fondation pieuse est destinée à perpétuer sa mémoire.

www.ingramcontent.com/pod-product-compliance
Ingram Content Group UK Ltd.
Pitfield, Milton Keynes, MK11 3LW, UK
UKHW021204220726
13924UKWH00003B/1320

9 782019 937331